KARL A. DOSTAL / 100 DIKTATE

Karl A. Dostal

Hundert Diktate

für den differenzierten Unterricht
auf der 5. bis 9. Schulstufe

11. Auflage
(nach der neuen Rechtschreibung)

CIP-Kurztitel der Deutschen Bibliothek

Dostal, Karl A.:
100 [Hundert] Diktate für den differenzierten Unterricht auf der
5. [fünften] bis 9. [neunten] Schulstufe / Karl A. Dostal – 10. Aufl.
– Wien: Leitner 1996
ISBN 3–85157 1996 063–4

11. Auflage, 1998

in Wiener Dom-Verlag Gesellschaft m. b. H., Wien
Gesamtherstellung: Wiener Dom-Verlag, Wien
ISBN: 3-85157 063-4

Inhalt

So wird geübt

Diktate können zur Überprüfung und Kontrolle der Rechtschreibkenntnisse dienen; sie sind aber auch, systematisch angewandt, ein Weg zur Erlernung der Rechtschreibung. Diese „Kurzdiktatmethode“ eignet sich besonders *für den differenzierten Unterricht* in Arbeitsgruppen, für den häuslichen Nachhilfeunterricht nach Schulversäumnissen oder zur Ausmerzung besonderer individueller Rechtschreibschwächen. Allerdings müssen in diesem Fall die Übungsdiktate überlegt ausgewählt und methodisch vorbereitet werden. Die Auswahl kann vom Inhalt her erfolgen, aber auch vom Rechtschreibfehler her. Beide Möglichkeiten werden in diesem Buch berücksichtigt.

Die Texte stammen aus Sachunterricht und Dichtung und entsprechen erfahrungsgemäß den Interessen der Schüler der 5. bis 9. Schulstufe. Ihr Schwierigkeitsgrad steigert sich mit jeder Leistungsstufe und Schulstufe.

Der jeweilige Text der Ansage wird zuerst zusammenhängend vorgelesen (vom Lehrer, von einem gut lesenden Schüler) oder – noch besser – vom Schüler selbst still durchgelesen, in schwierigen Fällen abgeschrieben oder auswendig gelernt. Sodann werden die schwierigen Wörter des Diktates herausgesucht (in der „Vorübung“ schon ersichtlich!), an die Tafel geschrieben, besprochen, laut gelesen, auswendig niedergeschrieben, mit der Schreibung an der Tafel verglichen und in Sätzen oder Fügungen angewandt.

Jene Wortteile, die erfahrungsgemäß häufig falsch geschrieben werden, sind im Text fett gedruckt, sodass beim Durchlesen ein rascheres Einprägen ermöglicht wird. An der Tafel können sie mit Farbkreide hervorgehoben werden. Wo immer dies möglich ist, soll die Besonderheit der Schreibweise auch durch Regeln begründet werden. Das gilt besonders für die Beistrichsetzung. Die Beistriche wird man allerdings vorerst ansagen und ihre richtige Setzung erst dann verlangen, wenn dies im Zusammenhang mit der Satzlehre den Schülern schon verständlich gemacht worden ist.

Diktiert wird satzweise in natürlicher Sprache. Jeder Satz wird zuerst deutlich vorgelesen, dann langsam, gegebenenfalls in Sinnblöcken, diktiert. Rasches Diktieren führt zu Flüchtigkeitsfehlern und zu schlechten Schriften, wodurch sich die Wortbilder nur undeutlich einprägen können. Dem Schüler muss so viel Zeit gelassen werden, dass ein überlegtes Schreiben möglich ist. Keinesfalls darf sich der Schüler gehetzt fühlen. Nach jedem Satz wiederholt ein Schüler laut das zuletzt Geschriebene, die anderen überprüfen still die eigenen Niederschriften.

Im differenzierten Unterricht diktiert ein Schüler der Gruppe bzw. dem Partner, er vergleicht anschließend die Niederschrift mit dem Buchtext und zeichnet die Fehler an.

Es ist aber auch möglich, einen rechtschreibsicheren Schüler der Klasse an der Rückseite der Tafel mitschreiben zu lassen, sodass anschließend alle Schüler mit dem Tafeltext vergleichen und ihre Arbeit ausbessern können.

Bevor jedoch mit der Korrektur begonnen wird, liest der Lehrer bzw. der Ansager den Text nochmals langsam vor, damit die Schüler selbst eventuelle Hörfehler ausbessern können.

Manche Lehrer geben den Schülern im Anschluss an das Diktat auch die Möglichkeit, bei Unsicherheiten in einem Wörterbuch nachzuschlagen.

Die Fehler können durch Vergleich mit dem Text des Buches festgestellt werden, oder der Lehrer sammelt die Hefte ein und überprüft die Diktate selbst. Beim selbsttätigen Korrigieren können die Hefte auch unter den Schülern ausgetauscht werden. Klassifizieren dürfen die Schüler allerdings nicht. Sie bezeichnen nur die Fehlerstellen und geben eventuell die Summe der Fehler an.

Die Schüler verbessern nun, was falsch war, unter ihrer Niederschrift oder im beiliegenden Übungsheft, indem sie das Wort mehrmals richtig hinschreiben. Zum Beispiel (Fehler: Maschiene, Artzt): die Maschine, die Maschinenfabrik, die Schreibmaschine; der Arzt, die Ärztin, der Spitalsarzt, der Hausarzt, die Wohnung des Arztes.

Bei der Verbesserung sollen Wörter, die falsch geschrieben worden sind, möglichst drei- bis viermal in geänderter Form (in Zusammensetzungen, Ableitungen, Wortfamilien u. dgl.) festgehalten werden. Beistrichfehler lasse man durch die Regel mündlich begründen.

Werden die fehlerhaft geschriebenen Wörter im „Übungsheft“

vermerkt, können sie einige Zeit später neuerlich diktiert werden. Auf diese Weise kann die Steigerung der Leistung festgestellt werden. Vorübungen, Diktat und Verbesserung können gewöhnlich nicht in einer einzigen Stunde durchgeführt werden. Verbesserungsübungen lasse man zu Hause ausführen.

Notiert sich der Lehrer die häufigsten Fehler der Schüler, kann er planmäßige Wiederholungen anschließen und so den Erfolg im Rechtschreibunterricht sichern.

Auf der Leistungsstufe 1 werden geringere Anforderungen gestellt, auf der Leistungsstufe 2 höhere.

100 Diktate aus Sachunterricht und Dichtung, geordnet nach Schulstufen und Schwierigkeitsgraden

1 An der Tankstelle

Vorübung:

Tank**s**te**ll**e, **t**an**k**en, der **T**an**k**, der **T**an**k**war**t**; die Autoba**h**n, die Fa**h**rba**h**n, die Eisenba**h**n; **b**rau**s**en und **b**ru**mm**en, **b**rau**s**te, ge**b**rau**s**t; Kraftfa**h**rzeug, Kfz, Auto; an den H**aa**ren reißen, ri**ss**, geri**ss**en, a**b**-reißen, ve**rr**eißen; mit italienische**m** Ke**nn**zeichen, mit deutsche**m** Ke**nn**zeichen, mit öste**rr**eichische**m** Ke**nn**zeichen; ein schni**tt**iger Sportwagen, schnei**d**en, schni**tt**, geschni**tt**en; schie**b**en, scho**b**, ge-scho**b**en, herbeigescho**b**en, das Schie**b**efenster; das letzte **M**al, der **l**etzte Tropfen Benzin.

Ansage:

Wir ste**h**en an der Autoba**h**n. Unermüdlich **b**rausen und bru**mm**en hier Kraftfa**h**rzeuge **v**orbei. Auch an der **T**an**k**ste**ll**e reißt der Betr**ie**b nicht ab. Eben ist ein schwerer Lastzug mit italienische**m** Ke**nn**-zeichen vorgefa**h**ren. Hinter i**h**m wartet schon ein ungeduldiger Fran**z**ose in eine**m** schni**tt**ige**n** Sportwagen. Kaum ist dieser **v**ersorgt, wird ein **V**olkswagen herbeigescho**b**en. Er ist bis zum **l**etzten Tropfen Benzin gefa**h**ren.
So ro**ll**en die Räder Tag und Nacht.

2 Reisen in früherer Zeit

Vorübung:

Das **V**ergnügen, ein **V**ergnügen, sich **v**ergnügen; der **V**erke**h**r, das **V**erke**h**rsmittel, der Fremden**v**erke**h**r, **V**erke**h**rsregelung; eintre**ff**en, sie tri**ff**t ein, sie tra**f** ein, sie ist eingetro**ff**en; die Ku**tsch**e (Pferdewagen), die Postku**tsch**e, der Ku**tsch**er, ku**tsch**ieren; zusa**mm**enpre**ss**en, zusa**mm**engepre**ss**t, zusa**mm**engepfercht, zusa**mm**engedrückt; der Posti**ll**ion, das Horn des Posti**ll**ions; e**x**tra, die E**x**trapost; fa**ll**en, **f**iel, gefa**ll**en, er **f**iel um; bla**s**en, blie**s**, gebla**s**en; die Sta**dt**, die Groß**s**ta**dt**, stä**dt**isch.

Ansage:

Vor hundert und me**h**r Ja**h**ren war das **R**eisen kein **V**ergnügen. Die Eisenba**h**nen wurden eben erst gebaut. Flugzeuge und Autos gab es damals noch nicht.
Das gebräuchlichste Verke**h**rsmi**tt**el war die Postku**tsch**e. Sie fuhr einmal in der Woche. Selten traf sie pünktlich ein. Die Postku**tsch**e war ein Ru**mp**elkasten, in dem die Leute oft eng zusa**mm**engepfercht **v**iele Stunden lang si**tz**en mu**ss**ten. Die Wege w**a**ren schlecht. Oft brach ein Rad, manchmal **f**iel der Postw**a**gen auch um. Die **R**eisenden mu**ss**ten da**nn** helfen(,) i**h**n w**ie**der aufzurichten. We**nn** der Posti**ll**ion in die Sta**dt** einfu**h**r, blie**s** er auf seine**m** Horn ein L**ie**d. Das Horn ist heute noch das Zeichen der Post. Wer es eilig hatte, fu**h**r mit der „E**x**trapost“.

3 Das Meer wurde bestraft

Vorübung:

Die **P**erser (Volk aus Kleinasien), der **P**erserte**pp**ich, der **P**erserkönig; der He**ll**es**p**ont (M**ee**resenge zwischen dem **S**chwarzen M**ee**r und dem Mittelm**ee**r, trennt Europa von Asien); das M**ee**r, die M**ee**resenge, die M**ee**resbucht; die S**ee**, die S**ee**fahrt; der S**ee**, der Bodens**ee**; ergri**mm**en (böse werden), er ergri**mm**t, der Gri**mm**, gri**mm**ig; die Pei**tsch**e, pei**tsch**en, pei**tsch**te, gepei**tsch**t, der Pei**tsch**enhieb; die Fu**ß**angel (Falle); die w**i**derspenstigen Elemente, w**i**der (gegen), w**i**der den Wind segeln, der W**i**derstand, die W**i**derstandskraft, die Entscheidung w**i**derrufen; w**ie**der (nochmals), w**ie**derholen, die W**ie**derholung, w**ie**derkommen, auf **Wie**dersehen, das W**ie**dersehen; der Perserkönig **X**er**x**es.

Ansage:

Als im Jahre 480 vor **Ch**risti der **P**erserkönig **X**er**x**es nach Europa zog, um die **G**r**ie**chen zu be**k**r**ie**gen, lie**ß** er über den He**ll**espont zwei Brücken schlagen. Doch diese wurden **v**om stürmische**n** Meer w**ie**der zerstört. Darüber ergri**mm**te der König und lie**ß** das Meer mit 300 Pei**tsch**enhieben züchtigen. Auch gebot er, Fu**ß**angeln ins Wa**ss**er zu werfen, in denen sich die w**i**derspenstigen Elemente des M**ee**res fangen sollten. Vorsichtshalber lie**ß** er aber auch den Baumeister köpfen und übergab de**n** Bau zweier neuer Brücken eine**m** andere**n**.

4 Eine Gebirgswanderung

Vorübung:

Die Bah**n**sta**tion**, das Sta**tions**gebäude, der Sta**tions**vorstand, sta**tion**ieren; die Schu**tz**hü**tt**e, schü**tz**en, beschü**tz**en, schü**tzt**e, geschü**tzt**; das Gipfelkreu**z**, kreu**z**en, die Kreu**z**ung, sich bekreu**z**igen; der To**d**, die To**d**esgefahr, der To**d**esfall, to**d**müde, to**d**ernst, to**d**krank; aber: to**t** sein, töten, getötet, der To**t**e (Leichnam); ma**r**schieren, der Ma**r**sch, das Ma**r**schgepäck.

Ansage:

Am le**tzt**en Sonntag wanderten wir im Gebirge. Von der Bahnsta**tion** aus ma**r**schierten wir zuerst flo**tt** auf der Landstraße und sangen ein fr**öh**liches Lied. Dann e**rr**eichten wir den Waldran**d**. Nun ging es auf weichen Waldwegen den Berghang hinauf. Unser Tagesz**ie**l war eine Schu**tz**hü**tt**e, wo wir übernachten wo**ll**ten. Am n**ä**chsten Tag best**ie**gen wir den Gipfel des Berges. Stundenlang kle**tt**erten wir über Fels**b**ro**ck**en und steile Hänge, bis wir en**d**lich das Gipfelkreu**z** sahen. Als wir oben angeko**mm**en waren, f**üh**lten wir uns alle to**d**mü**d**e. Doch nach kur**z**er Rast zogen wir weiter. Wir mu**ss**ten nun bergab wandern und ein kleines Tal über**qu**eren(,) um unser **Zi**el zu e**rr**eichen. Bald schlichen wir nur noch dahin, de**nn** unsere Füße wo**ll**ten nicht m**eh**r mitmachen.

5 Baux

Vorübung:

Die **Fer**ien, **Fer**ienzeit, **Fer**ialbeschäftigung; das Kal**b**, die Käl**b**er, Kal**b**fleisch; la**ss**en, lie**ß**, es lie**ß** sich kraulen, verla**ss**en, verlie**ß**; ha**ll**en, ha**ll**te, geha**ll**t, der W**i**derha**ll**; weinen, weinen**d**; lachen, lachen**d**; lesen, lesen**d**; si**tz**en, sa**ß**, gese**ss**en, se**ss**haft, besa**ß**; **v**ergessen, **v**erga**ß**, vergi**ss** nicht!, der Ka**m**era**d**, der Spielka**m**era**d**, der Schulka**m**era**d**.

Ansage:

W**äh**rend der letzten **Fer**ien w**a**r ich bei meiner Gro**ß**mu**tt**er auf einer Alm. Unter den Rindern w**a**r ein kleines Kal**b**, das auf den Namen „Baux" hörte. Baux habe ich s**eh**r **lie**b gewo**nn**en. Ich brauchte nur „Baux" zu rufen, so kam das Kal**b** gleich gesprungen und **ließ** sich hinter de**n** kleinen Hörnern **k**raulen. – An eine**m** nebligen Regentag rief ich vergeblich nach Baux. Baux war verschwunden. Meine Großmutter meinte: „Das Kalb wird sich verlaufen haben."

Am anderen Morgen ging ich daher auf die Suche. „Baux! Baux!", rief ich unterwe**gs** laut, aber es ha**ll**te nur das Echo meiner Rufe zurü**ck**. Als ich zur Almschlucht k**a**m, fand ich das Kalb in der Schlucht – zerschme**tt**ert! Es war vermutlich im Nebel abgstür**zt**. Weinen**d** lief ich zur Gro**ß**mu**tt**er. – Als am anderen Tag der Jäger Baux unter Steinen begru**b**, sa**ß** ich lange vor dem Hügel.

Baux war ein l**ie**ber Sp**ie**lka**m**era**d**.

(Schüleraufsatz)

6 Der Maikäfer

Vorübung:

Der Wo**nn**emonat M**ai**, der M**ai**k**ä**fer, das M**ai**glöckchen; das **R**echt, mit **R**echt, er hat **R**echt, **r**echt tun; der Sch**ä**dling, sch**ä**digen, besch**ä**digen, der Schaden; wenn er k**ä**me (Möglichkeitsform von kommen); sie w**ä**ren gekommen, wenn . . .; ich w**ä**re gern mitgefahren; verzei**h**en, er verz**eih**t ihm, sie verz**ieh** mir; **ihn** gern haben, er hat **ihn** vergessen (wen? mich – 4. Fall); fre**ss**en, er fri**ss**t, die Fre**ss**sucht, abfre**ss**en, ka**h**l fre**ss**en, zum **F**re**ss**en, das **F**re**ss**en; ra**sp**eln, die Ra**sp**el; das Lau**b**, der Lau**bb**aum, die Lau**bb**äume.

Ansage:

Der M**ai**k**ä**fer hat nur einen Freund(,) und das sind die Kinder. Er gil**t** nun einmal – und das mit **R**echt – als großer Sch**ä**dling. K**ä**me er nicht mit dem Wo**nn**emonat **Mai** und w**ä**re er nicht so eine Art Frü**h**lingsbote, würde es w**oh**l n**ie**man**d** geben, der **ihm** seine Fre**ss**-sucht verz**eih**t. Die größeren **V**ögel haben **ihn** o**h**nehin nur „zum **F**re**ss**en gern".
Der M**ai**k**ä**fer ist vor alle**m** dort ein gro**ß**er Sch**ä**dling, wo er in Mengen auftri**tt**. Unermüdlich ra**sp**eln die braunen Ge**s**e**ll**en frisches Lau**b**. Es gab M**ai**k**ä**ferj**ah**re, in denen ganze W**ä**lder ka**h**l gefre**ss**en wurden.

7 Als ich das erste Mal mit dem Fahhrad fuhr

Vorübung:

Der Nachmittag, am Nachmittag (Großschreibung, da Hauptwörter); morgen Nachmittag, nachmittags, gestern Nachmittag; die Kusine (auch: Cousine, Base); das Fahrrad, auf dem Rad fahren, der Radfahrer, das Radfahren, er fährt Rad; kippen, umkippen, das Paar (zwei Stück), ein Paar, ein paarmal; ein paar Groschen (einige Groschen), ein paar Leute; die Kurve, die Linkskurve, kurvig; probieren, die Probe; die Knie, knien, auf den Knien liegen; fahren, das Fahren, du fährst, er fuhr.

Ansage:

Es war vor einem Jahr im Sommer. Ich war mit meinen Eltern auf Besuch bei meinem Onkel. Dieser hat drei Töchter. An einem Nachmittag spielten wir „Fangen". die Kusinen hatten ihr Fahrrad beiseite gestellt. Während wir spielten, dachte ich mir, dass auch ich einmal das Radfahren versuchen sollte. Ich bat die Kusinen um Erlaubnis. Dann stieg ich auf das Rad und versuchte zu fahren. Natürlich kippte ich zuerst ein paarmal um, aber da das Rad nicht sehr hoch ist, fiel ich nicht hin. Bald konnte ich ein Stück geradeaus fahren. Doch dann rutschte das Rad unter mir weg(,) und ich lag da. Mein rechtes Knie blutete etwas, aber ich probierte das Fahren so lange, bis ich leidlich das Gleichgewicht halten konnte. Als ich später meine Schwester traf, die einkaufen gewesen war, fragte sie, auf mein blutiges Knie deutend: „Hast du vielleicht Rad fahren gelernt?" Sie musste es ja wissen, denn sie hatte sich im vergangenen Jahr beim Radfahren auch beide Knie aufgeschlagen.

(Schüleraufsatz)

8 Ohne Startsprung geht es nicht

Vorübung:

Der Schwi**mmwett**kampf, der Schwi**mm**meister, **wett**schwi**mm**en, um die **W**e**tt**e schwi**mm**en; die Se**k**unde, se**k**undenschne**ll**; der St**i**l, der Schwi**mm**st**il**, der Baust**i**l, der Schreibst**i**l, St**i**lfehler, st**i**listisch; der S**ie**g, s**ie**gen, bes**ie**gen, die S**ie**gesfeier; starten, der Start, der Startsprung; behe**rr**schen, he**rr**schen, der He**rr**; überhau**p**t, das Hau**p**t, der H**äup**tling; der Pl**a**n, pl**a**nen, pl**a**nlos; schmer**z**haft, der Schmer**z**, schmer**z**en, es hat geschmer**zt**; t**ie**f, die T**ie**fe, der T**ie**f-sprung; **v**erl**ie**ren, er **v**erlor, der **V**erlust; die **A**ngst, **A**ngst bekommen, in **A**ngst leben, **A**ngst haben, mir ist **a**ngst und **b**ange.

Ansage:

Bei Schwi**mmwett**kämpfen geht es oft um Bruchteile von Sekunden. Wer aber meint, nur guter **Stil** und möglichst schne**ll**es **S**chwi**mm**en seien en**t**scheiden**d** für de**n** **Sieg**, der i**rr**t. Wichtig ist schon der Star**t**. Und dazu gehört der Star**t**sprung.
Viele, die bereits gute Schwimmer sind, behe**rr**schen den Star**t**-sprung nur mangelhaft oder überhau**p**t nicht. Da hilft nur(,) den Star**t**sprung in **e**inzelnen Stufen grün**d**lich zu üben. Wer pl**a**nlos springt, kla**tscht** entweder schmer**z**haft auf den Bauch(,) oder er taucht zu tief unter und verl**ie**rt damit kostbare Se**k**unden. Und **viele**, die einmal zu hart auf de**m** Wa**ss**er aufschlugen, bekommen **A**ngst vor weiteren Sprüngen. Deshalb so**ll**ten wir de**n** Startsprung unter **A**nleitung eines Schwi**mm**le**h**rers üben.

(Aus der Zeitschrift „Gib acht!“)

9 Du sammelst gern Pilze?

Vorübung:

Der Pil**z**, die Pil**z**e (österreichisch: das Schwa**mm**erl), e**ss**bare Pil**z**e, die Pil**z**suppe; mit eine**m** scharfe**n** Me**ss**er, mit eine**m** lange**n** Bart; e**ss**en, **iss**!; la**ss**en, la**ss**!; n**eh**men, **nimm**!; geben, **gib**!; lesen, **lies**! sammeln, **sammle**! **t**rocknen, zum **T**rocknen auflegen; das Erkennungsmerkm**a**l, erkennen, die Erkennt**nis**, die Erkennt**nisse**.

Ansage:

Sa**mm**elst du gern Pil**z**e, da**nn** vergi**ss** nicht, einen Korb oder eine feste Schachtel in den Wal**d** mitzun**eh**men. Schnei**d**e die Pil**z**e mit eine**m** scharfe**n** Me**ss**er kna**pp** oberhalb des Bodens ab und en**t**-wurzle sie nicht! **Säu**bere sie möglichst gleich an **O**rt und **S**te**ll**e! Nimm nur jene Pil**z**e, die du genau ke**nn**st! Ein a**ll**gemein gültiges Erke**nn**ungsmerk**mal**, ob Pil**z**e giftig sind, gibt es nicht. Ni**mm** jedoch auch keine alten, durchw**äss**erten Pil**z**e, sammle nur **j**unge! La**ss** die Pil**z**e, die du nicht ausw**äh**lst, stehen! Auch we**nn** sie ungen**ieß**bar sind, schlage sie nicht um! Zu **H**ause zerschneide die Pil**z**e erst vor der **Z**ubereitung in möglichst dü**nn**e Stü**ck**e. Die Scheiben la**ss**en sich auch an der Luft trocknen und bis zum Winter aufbew**ah**ren. So ka**nn**st du da**s** ganze **J**a**h**r Pil**z**e essen.

fiel – viel, p, pp
Kleinschreibung

5. Schulstufe
Leistungsstufe 1

10

Da irrte Napoleon

Vorübung:

Der **f**ranzösische **Kai**ser, k**ai**serlich; Genua (eine Stadt in Oberitalien), der **i**talienische Domscha**tz**, das **ä**gyptische Glas; fallen, **f**iel, gefallen, ge**f**iel, mir **f**iel nichts ein; der Dom (Kirche), der Domherr; der Scha**tz**, die Scha**tz**kammer, sch**ätz**en; der Smarag**d** (ein grüner Halbedelstein); das Ju**w**el, der Ju**w**el**ier**; die Lu**p**e (Vergrößerungsglas), lu**p**enrein; die Pu**pp**e, entpu**pp**en, verpu**pp**en; übe**rr**aschen, die Übe**rr**aschung, übe**rr**ascht sein.

Ansage:

Als der **f**ranzösische K**ai**ser Napoleon Oberitalien bese**tzt**e, **f**iel **ihm** auch der Domscha**tz** von Genua in die Hände. Dazu gehörte ein **rie**siger geschli**ff**ener „Smarag**d**“. Das grün funkelnde Ju**w**el hatte es dem **Kai**ser angetan. Und da Eroberer nicht **viel** Umstände zu machen pflegen, wenn i**h**nen etwas gef**ä**llt, n**ah**m er den Stein mit nach Paris. Dort gab es jedoch eine **p**einliche Übe**rr**aschung. Unter der Lu**p**e des Sach**v**erst**ä**ndigen entpu**pp**te sich der „kostbare Smarag**d**“ als meisterhafte Nach**ah**mung aus gef**ä**rbte**m** und geschliffene**m** **ä**g**y**ptische**m** Glas.
Napoleon gab daraufhin den „Scha**tz**“ gro**ß**mütig de**m** Dom von Genua zurü**ck**.

dass, Großschreibung von Zeitwörtern — 5. Schulstufe
Brand, brannte — Leistungsstufe 2

11 Die Menschen lernen Feuer machen

Vorübung:

Der Blitz, blitzen, abblitzen; der Brand, der Brandgeruch, die Brandgefahr, brennen, brannte, verbrannt; die Hitze, erhitzen, erhitzt; kennen lernen, die Gefahr kennen zu lernen; dazukommen, wie sie dazukommen; fallen, fiel, sie fielen; dürres Moos, moosig; herstellen, beim Herstellen; rudern, beim Rudern; essen, aß, beim Essen; reiben, rieb, beim Reiben, durch starkes Reiben; bohren, anbohren, durch Anbohren; drehen, drehte, durch Drehen.

Ansage:

Ihr wisst, dass der Blitz Häuser und Bäume in Brand setzen kann. Es kommt auch vor, dass sich dürres Gras in der Sommerhitze entzündet. Auch die Menschen der Steinzeit hatten öfters Gelegenheit, Feuer zu sehen, es zu beobachten und seine Gefahren kennen zu lernen.
Wie sie aber dazukamen(,) das Feuer selbst zu erzeugen, wissen wir nicht. Doch können wir uns vorstellen, dass beim Herstellen von Waffen und Werkzeugen aus Feuersteinen immer wieder Funken wegsprangen. Fielen diese auf dürres Moos oder Laub und kam ein Luftzug dazu, so entstand leicht ein Brand. Bald kamen die Menschen aber auch darauf, dass man durch starkes Reiben und Anbohren von Holz Feuer herstellen kann.

(Aus „Zeiten, Völker, Kulturen 1“)

12 Auf glühendem Blech

Vorübung:

Blech **w**al**z**en, das Blechwal**z**werk, beim **W**al**z**en, vom **W**al**z**en; Donawi**tz** (ein Ort in der Steiermark); plö**tz**lich; verle**tz**en, der Verle**tzt**e, die Verle**tz**ung; fa**ll**en, **f**iel, gefa**ll**en, verfa**ll**en, ver**f**iel; in **F**lammen stehen, in **F**lammen aufgehen; der Ko**ll**ege, der Berufskollege, der Arbeitsko**ll**ege, ko**ll**egial; glühen, gl**üh**te, gegl**üh**t; **v**erunglü**ck**en, der **V**erunglü**ck**te; erlei**d**en, erli**tt**; die **V**erbre**nn**ung, **v**erbre**nn**en, der Bran**d**, er hat sich **v**erbrann**t**; tro**tz**, tro**tz**dem, der Tro**tz**; der Gra**d**, die Gra**d**e, des Gra**d**es; soda**ss**.

Ansage:

Ferdinand Maurer war als Wal**z**er im Blechwal**z**werk in Donawi**tz** beschäftigt. Beim **W**alzen von Pla**tt**en ri**ss** **ihm** eine solche, w**äh**rend sie auf dem Boden l**ie**f, plö**tz**lich beide Füße vom Boden weg, soda**ss** der Arbeiter auf die glühende Blech**p**la**tt**e **f**iel. **Inn**erhalb weniger Minuten standen die Kleider Maurers in he**ll**en Fla**mm**en. Der Arbeiter w**ä**re gewi**ss** verbra**nnt**, we**nn** nicht einige Ko**ll**egen mutig hinzugesprungen w**ä**ren und Maurer von der glühenden **P**la**tt**e gerissen hätten. Es gelang i**h**nen auch(,) de**m** **V**erunglü**ck**ten die bre**nn**enden Kleider vom Leibe zu reißen und die Fla**mm**en zu ersticken. Tro**tz**dem erlitt der Arbeiter **V**erbre**nn**ungen aller drei Grade.

(Aus der Zeitschrift „Mappe der Menschlichkeit“)

13 Hochöfen

Vorübung:

Der Hochofen, die Hochöfen, der Kohlenofen, der Ölofen; heizen, heizte, geheizt, verheizt, der Heizer, die Heizung, die Heizgase; das Erz, Eisenerz, Kupfererz; der Grad, die Grade, 1500 Grad Celsius; erhitzen, erhitzt, die Erhitzung; das flüssige Eisen, es fließt, ist geflossen; gießen, goss, gegossen, die Gießpfanne; ablassen, abließ, abgelassen, der Ablass; die Schlacken, verschlacken, verschlackt; in Betrieb stehen.

Ansage:

Im Hochofen wird aus dem Eisenerz das Eisen gewonnen. Die zerkleinerten Erze werden abwechselnd mit Kohle und Kalk in den etwa 30 Meter hohen Hochofen gefüllt und durch Heizgase bis auf 1500 Grad Celsius erhitzt. Das flüssige Eisen sammelt sich im unteren Teil des Ofens und wird etwa alle drei Stunden in Gießpfannen abgelassen. Die leichteren Schlacken werden von der Oberfläche der Eisenschmelze entfernt.
Hochöfen können mehr als zehn Jahre ununterbrochen in Betrieb sein.

(Aus „Westermanns Bildkartenlexikon“)

14 Steinkohlen

Vorübung:

Die Stein**koh**le, Braun**koh**le, **Koh**len**f**örderung; der **K**o**ks**, der **K**o**ks**ofen, die **K**o**ks**erzeugung, die **K**o**k**erei; die Industr**ie**, der Industr**ie**betr**ie**b, industrie**ll**, die Eisenindustr**ie**; beim **V**erbrennen, beim **H**eizen, beim **V**erarbeiten; die Energ**ie** (Kraft), die Energ**ie**-quellen, der Energ**ie**verbrauch; hei**z**en, hei**z**te, gehei**zt**, die Fern-hei**z**ung; die Lo**k**omo**tive**, die ele**k**trische Lo**k**omo**tive**; die Ele**k**tri-zi**tät**, die Ele**k**trizi**täts**werke, die Ele**k**troheizung; der Dampfkessel, die Dampfkraft, das Dampfkraftwerk.

Ansage:

Aus Stein**koh**len wird nicht nur der **Kok**s für unsere Zentralhei**z**un-gen gewonnen. **Viel** wichtiger sind sie in der Industr**ie**, weil sie beim **V**erbrennen Kraft oder Energ**ie** erzeugen. Die Energ**ie** einer mit **Koh**len gefüllten Pap**ie**rtüte en**t**spricht der Tagesleistung eines flei**ß**igen Arbeiters. Mit **Koh**len hei**z**t man Dampfkessel in Fabriken und Lo**k**omo**tiv**en. Die Kraft der **Koh**len wird zu Dampfkraft. Weit häufiger betreibt man aber heute mit **Koh**len gewaltige Ele**k**-trizi**täts**werke, die W**ä**rmekraftwerke. In **ih**nen wird die Energ**ie** der **Koh**len in ele**k**trische Energ**ie** ungewandelt.

(Aus „Natur und Geschichte 1“)

15 Drei Arbeiter verschüttet

Vorübung:

Die Stadt Gra**z** (Hauptstadt des Bundeslandes Steiermark in Österreich); gra**b**en, ausgra**b**en, ein Gra**b**en, das Gra**b**; Trü**mm**er, Trü**mm**erziegel, zertrü**mm**ern; **p**öl**z**en (abstützen), die **P**öl**z**ung; der Re**tt**ung**s**wagen, die Re**tt**ung, re**tt**en; die Feuerw**eh**r, das Feuerw**eh**rauto, der Feuerw**eh**rwagen; w**eh**ren, sich w**eh**ren; die Unfa**ll**stelle, der Unfa**ll**ort; **v**erschü**tt**en, **v**erschü**tt**et, der **V**erschü**tt**ete; die **V**erletzten, die **V**erunglückten; Sauersto**ff**, das Sauersto**ff**gerät; la**b**en, la**b**te, gela**b**t, die La**b**ung; der **Arzt**, **ärzt**liche Hilfe, Facha**rzt**, **Zah**na**rzt**; schmer**z**en, schme**rzt**e, geschme**rz**t, Schme**rz** stillende Mittel; die Injek**tion** (Spritze), inji**z**ieren, die Inj**e**k**tions**nadel.

Ansage:

Bauarbeiter hatten in Graz einen zwei Meter t**ie**fen Graben ausgehoben. Die W**ä**nde des Grabens bestanden aus schweren Trü**mm**erziegeln. Als sie den Graben aber pöl**z**en wollten, brach die Wand zusammen und grub drei Arbeiter bis zum Hals ein. Fünf Re**tt**ungswagen und drei Feuerw**eh**rautos rasten zur Unfa**ll**stelle. Die **V**erschü**tt**eten wurden inzwischen aus Sauersto**ff**ger**ä**ten gela**b**t. Ein Arzt gab Schme**rz** sti**ll**ende **Injektionen**. Erst nach zwanzig Minuten waren die **V**erunglü**ck**ten ausgegraben. Das w**a**r nicht leicht, de**nn** das in Bewegung geratene Erdreich konnte jeden Augenblick weiter nachrutschen. Die **V**erle**tzt**en wurden ins Krankenhaus gebracht.

(Aus der Zeitschrift „Mappe der Menschlichkeit“)

16 Hast du schon einmal ein Rehkitz gesehen?

Vorübung:

Das R**eh**, die R**eh**e, das R**ehkitz**, das R**eh**fell; der Fu**ß**, die Fü**ß**e; verla**ss**en, verlie**ß**, er verlä**sst** ihn; der Rie**s**e, rie**s**ig; die Na**s**e, Na**s**entropfen, Na**s**ensalbe; du ha**s**t Recht (von „haben“); du ha**ss**t es (von „ha**ss**en“); die kurze Schnau**z**e, kurzschnau**z**ig; beinahe; es w**a**r, es w**ä**re schön; ein wei**ß** getupftes Jugendfell; Licht-und-Schatten-Muster.

Ansage:

Ein Mensch wandert im Wald. Da regt sich etwas zu seinen F**üß**en. Ein schm**a**les kur**z**schnau**z**iges Köpfchen mit schwar**z**en, rie**s**igen Augen, schwar**z**er Nase und mit großen **Oh**ren s**ieh**t ihn aufmerksam an. Beinahe wäre er über ein R**eh**ki**tz** gestolpert. Da liegt es, gar nicht versteckt, nein, einfach nur so da(,) und doch war es vorher kaum zu sehen. Es flüchtet auch nicht. Dieses und alle R**eh**ki**tz**e der Erde verla**ss**en sich auf **ih**r weiß getupftes Jugen**d**fe**ll**, das dem Licht-und-Scha**tt**en-Muster des Waldbodens so gut en**t**spricht. So **v**orsichtig und scheu die **e**rwachsenen Rehe sind, die Ki**tz**e zeigen keine Furcht. Wenn sie l**ie**gen, kö**nn**en sie ja doch nur durch Zufa**ll** **ent**-**d**eckt werden.

(Aus „Der Naturforscher 1“)

7 Was verdient die Mutter?

Vorübung:

Die Arbei**ts**kräfte, die **m**eisten, die **w**enigsten, die **e**inen, die **a**nderen; die **V**erkäuferin, der **V**erkäufer, **v**erkaufen; die Haushaltsf**üh**rung, f**üh**ren, abf**üh**ren, vorf**üh**ren; die Sachausgaben; der Gegenwert; (das) **E**ssen, (die) **W**ohnung, h**i**n und w**ie**der, h**ie** und da.

Ansage:

Es g**i**bt überal**l** eine große Anz**ah**l von Arbeitskr**ä**ften, die so v**ie**l arbeiten wie alle **a**nderen auch, die l**ä**nger arbeiten als die **m**eisten, und doch keinen Lohn ausgez**ah**lt bekommen: die Hausfrauen, unsere Mütter. Mancher junge Mann im dritten **J**a**h**r der **L**e**h**re, manche Verk**äu**ferin kommen sich s**eh**r großzügig **vor**, weil sie wöchen**t**lich etwas zur Haushaltsf**üh**rung **ih**rer Mutter abgeben. Damit sind noch nicht einmal die Sachausgaben beglichen! Und der Gegenwert für die Arbeit der Mu**tt**er? Ist es wirklich damit getan, da**ss** sie **E**ssen, Wohnung und Kleidung bekommt? Sie ist damit zufr**ie**den. Aber wir sollten **ihr**, weil sie **viell**eicht m**ehr** „verd**ie**nt" als sie verd**ie**nt, h**i**n und w**ie**der eine besondere Freude berei**t**en.

(Aus „Wunderbare Welt")

18 Das Sauerland

Vorübung:

Flu**ss**namen: die S**ie**g, die M**öh**ne, die R**uh**r; das R**uh**rgebiet; das T**a**l, die T**ä**ler, die T**a**lsperre; die Sta**dt**, die Stä**dt**e, die Sta**dt**bahn, der Sta**dt**verkehr; das Er**z**, die Er**z**gewinnung, Eisener**z**, der Er**z**berg (in der Steiermark); bez**ieh**en, er bez**ieh**t, die Bez**ieh**ung, bez**ie-h**ungsweise, bez**ieh**ungsvoll; geben, es g**i**bt, g**i**b her!; betrei**b**en, er betrie**b**, der **B**etrie**b**, der Betrie**b**sleiter; sto**ß**en, stie**ß**, er st**öß**t, gesto**ß**en; das **B**ergische Land (Eigenname); fa**s**t (beinahe) alle, fa**s**t immer; das Hüge**ll**and, das Waldhüge**ll**and.

Ansage:

Das Sauerland l**ie**gt zwischen den Flü**ss**en S**ie**g, M**öh**ne und R**uh**r. Nach Westen hin st**öß**t das Sauerland an das benachbarte **B**ergische Land. In seinen dicht bes**ie**delten T**ä**lern werden in Dörfern und Stä**dt**en seit Ja**hr**hunderten Eisenw**a**ren hergeste**ll**t. Früher grub man das Erz an Ort und Stelle. Heute bez**ieh**t man das **f**ertige Eisen aus dem R**uh**rgebiet. Es g**i**bt hier nur kleine Betr**ie**be. Im Sauerland werden v**ie**le Scheren, Me**ss**er und Türschlö**ss**er erzeugt. In diesem wa**ss**erreichen Waldhüge**ll**and finden wir auch eine Reihe von Tal-spe**rr**en. Mit **ih**rer Hilfe wird Strom für das R**uh**rgeb**ie**t erzeugt.

(Aus „Natur und Geschichte 1“)

langes ö, aa, th

5. Schulstufe
Leistungsstufe 2

19 Österreich

Vorübung:

Die Bundesrepublik Österreich, österreichisch, Österreichs Kunststätten; der Staat, der Industriestaat, der Donaustaat, das Staatsoberhaupt; Industriewaren, Industrie und Gewerbe, Landwirtschaft, Verkehr, Fremdenverkehr; das Öl, das Erdöl, die Erdölgewinnung; der eine und der andere, viele andere; der Erlös (Gewinn), erlösen, einlösen; Ein- und Ausfuhr, ein- und ausführen; die Pracht des Hochgebirges, die Anmut der Hügelländer, die Schönheit der Kunstwerke; das Theater, das Burgtheater, theatralisch.

Ansage:

Österreich ist ein Industriestaat, denn Industrie und Gewerbe beschäftigen mehr Arbeitskräfte als die Landwirtschaft. Erdöl, Eisenerz und Holz sind einige der wichtigsten Rohstoffe. Viele andere sowie ein kleiner Teil der Lebensmittel müssen eingeführt werden. Österreich verkauft Industriewaren nach allen Teilen der Erde. Der Erlös daraus und die Einkünfte aus dem Fremdenverkehr ermöglichen die nötigen Einfuhren.

Die Pracht des Hochgebirges, die Anmut der Hügelländer und die Seen haben Österreich zu einem bevorzugten Reiseland gemacht. Gäste aus allen Ländern besuchen Österreichs Kunststätten, Theater und Festspiele. Auf Österreichs Boden lernen sie einander und ihre Gastgeber immer besser kennen.

(Aus Seydlitz „Erdkunde 4“)

20 Der Esel im Bärenfell

Vorübung:

Der Gei**z**, gei**z**ig, gei**z**en, der Gei**z**hals; ern**äh**ren, er ern**äh**rt, die N**ah**rung; der B**ä**r, das B**ä**renfe**ll**, der Graub**ä**r, die B**ä**renh**öh**le; bi**ll**ig, verbi**ll**igen, bi**ll**iger; das n**ä**chste Dorf, n**ä**chst, nahe; en**d**lich, das En**d**e, en**d**los; der Esel; ihn tö**t**en; to**t**, der To**t**e, getötet; der To**d**, To**d**esgefahr, to**d**bringend, to**d**krank; halten, h**ie**lt, er h**ä**lt.

Ansage:

Ein gei**z**iger Müller hatte einen Esel. Um ihn bi**ll**ig zu ern**äh**ren(,) bede**ck**te er **ihn** mit einem B**ä**renfe**ll** und tr**ie**b **ihn** jeden Aben**d** auf den Acker eines Bauern im n**ä**chsten Dorf. Der Esel ließ sich dort das Korn nach **H**er**z**enslust schme**ck**en, denn kein Mensch wagte es(,) **ihn** zu verjagen. Jeder h**ie**lt **ihn** für einen B**ä**ren. En**d**lich aber fa**ss**te der Bauer, dem das Feld gehörte, Mut und lauerte dem **Tier** auf. Er hatte seinen grauen Mantel angezogen und sein Gew**eh**r mitgeno**mm**en(,) um das T**ie**r zu tö**t**en. Als der Esel **ihn** von weite**m** ko**mm**en s**ah**, h**ie**lt er **ihn** für eine Eselin und bega**nn** vor Freude zu schreien. Der Bauer erka**nn**te nun den Esel an seiner Sti**mm**e, fing **ihn** ein und f**üh**rte **ihn** in seinen Sta**ll**. So kam der Gei**z**hals um seine**n** Esel.

v, wider
Großschreibung von Eigennamen

6. Schulstufe
Leistungsstufe 1

21 Die Römer in unserer Heimat

Vorübung:

Die Stadt Rom, die Römer, das Römische Reich, das Weströmische Reich, das Oströmische Reich, das Kastell (Befestigungsanlage), die Kastelle; Wein- und Obstbau, das Morgen- und Abendessen; betreiben, er betrieb, sie betrieben, der Betrieb; fallen, fiel, gefallen, verfallen, es verfiel, Hans fiel vom Baum; der Widerstand, wider (gegen), die Widerrede, der Widerhall.

Ansage:

Die Römer legten in unserer Heimat viele Kastelle an, aus denen später vielfach Städte entstanden. Sie verbesserten das Ackerland und führten Wein- und Obstbau ein. Auch Bergwerke wurden von ihnen betrieben und viele Straßen angelegt.
Nach der Teilung des großen Römischen Reiches verfiel Rom immer mehr. Das Volk war sittenlos geworden, die Jugend schwächlich und untüchtig. Als andere Völker in das Reich der Römer eindrangen, konnten diese ihnen nicht genügend Widerstand leisten(,) und das Weströmische Reich ging unter.

22 Das Leben auf einer Burg

Vorübung:

Die Fr**ie**denszeiten, der Fr**ie**de, fr**ie**dlich, befr**ie**digen; das Turn**ier**, die Turn**iere**, der Turn**ier**hof; die Jag**d**, der Jag**d**wagen, die Fuchsjag**d**, die Falkenjag**d**, jagen, er jag**t**e, er hat gejag**t**; das Festgel**a**ge, das Gel**a**ge, l**ie**gen, lag, gelegen; der Ri**tt**er, rei**t**en, ri**tt**, geri**tt**en, ri**tt**erlich, beri**tt**en; f**ah**ren (ursprünglich: sich von einem Ort zum andern begeben), der „fahrende Sänger" (ein Dichter ritterlicher Abkunft, der seine Gedichte singend vorgetragen hat); der Rittersaal, der Turns**aa**l, die S**ä**le; der Kam**i**n, der Kam**i**nfeger; **v**orn**eh**m, die **V**orn**eh**mheit; die Goldborte (Besatz, Rand aus Gold); die Rüstung, rüsten, das Gerüst; **v**erz**ie**ren, die **V**erz**ie**rung.

Ansage:

In Fr**ie**denszeiten besch**ä**ftigten sich die Ri**tt**er mit Waffensp**ie**len, den Turn**ie**ren(,) oder sie jag**t**en und h**ie**lten frohe Feste ab. Auch Frauen ri**tt**en zur Jag**d**. Sie pflogen die Jag**d** mit dem Falken. Eintönig war das Leben im Winter. Da war der „fahrende Sänger", der a**ll**erlei neue Nachrichten brachte, ein gern gesehener Gast. Im Rittersa**a**l, beim offenen Kam**i**n, stimmte er seine L**ie**der an(,) und begeistert lauschten i**h**m die Ri**tt**er und die Ri**tt**ersfrauen. Die Ri**tt**er und i**h**re Frauen waren meist s**eh**r vorn**eh**m gekleidet. **Ih**re Gew**ä**nder w**a**ren aus Sei**d**e und mit kostbaren Fe**ll**en und Goldborten verz**ie**rt. Lange Schnabelschuhe gehörten zur Ri**tt**ertracht. Die Rüstung trug der Ri**tt**er nur bei Turn**ie**ren und im Kr**ie**g.

23 Wie man aus Barmherzigkeit rasiert wird

Vorübung:

Der Barb**ie**r (Fris**ö**r, Haarschneider), barb**ie**ren (rasieren, den Bart abschneiden), die Barb**ie**rstube; um Gottes **w**illen; . . ., dass er aussehe wie ein **Ch**rist, er s**e**he aus (Möglichkeitsform von „sehen"); er nimmt kein **g**utes (Messer); für **n**ichts und w**ie**der **n**ichts; der **a**rme Tropf (armer Kerl), der **A**rme; der Schinder, **s**chinden (hier: plagen), du schindetest, geschunden; der K**ö**t**e**r (verächtlich für Hund); Schema für die Satzzeichen bei der direkten Rede:

Begleitsatz : „Direkte Rede!"

Ansage:

In eine Barb**ie**rstube ko**mm**t ein armer Ma**nn** mit eine**m** schwa**rz**en Bart. Sta**tt** eines Stückchen Brotes bi**tt**et er, der Meister so**ll** so gut sein und **ih**m den Bart abn**eh**men um Gottes **wil**l**en**, da**ss** er doch auch w**ie**der aussehe wie ein **Ch**rist. Der Meister ni**mm**t das schlechteste Me**ss**er, da**s** er hat, de**nn** er denkt: „Was soll ich ein gutes dran stumpf hacken für **n**ichts und w**ie**der **n**ichts?" W**äh**rend er an dem armen Tropf ha**ck**t und schabt(,) und der darf nichts sagen, weil es der Schin**d**er umsonst tut, heult der Hund auf de**m** Hof.
Der Meister sagt: „Was f**eh**lt dem K**ö**t**e**r, da**ss** er so winselt und heult?" Der Chirsto**ph** sagt: „Ich wei**ß** es nicht." Der Hans sagt: „Ich weiß es auch nicht." Der arme Mann unter dem Me**ss**er aber sagt: „Der wird vermutlich auch umsonst barb**ie**rt, wie ich."

(Johann Peter Hebel)

d, t, end-, wieder, Paar

6. Schulstufe
Leistungsstufe 1

24 Jägerlatein

(Münchhausen erzählt)

Vorübung:

Der Jäger, er jagt, jagte, hat gejagt; die Jagd, der Jagdwagen, der Jagdanzug; immer wieder (nochmals), wiederholt, die Wiederholung, auf Wiedersehen!, der Schuss, die Schüsse, schießen, geschossen, zum Schuss kommen; die Hexe, die Hexerei, der Hexenmeister, hexen; außerordentlich, außergewöhnlich, außerhalb; das Ende, zu Ende gehen, endlich, endgültig, enden, verenden, beenden; entlaufen, entbehren, entkommen (ent– = Vorsilbe); das Gewehr, der Gewehrlauf, sich wehren; „Sie“ (in direkter Rede mit großem Anfangsbuchstaben zu schreiben!); die Läufe (Beine) des Hasen; das Paar (zwei Stück), die Paare, ein Paar Schuhe, ein paar Kirschen (einige, mehr als zwei Stück), ein paar Groschen, das Pärchen; die beiden, die zwei.

Ansage:

Ich jagte einmal zwei ganze Tage hinter einem Hasen her. Mein Hund brachte ihn immer wieder herum; aber nie konnte ich zum Schuss kommen. An Hexerei zu glauben(,) ist meine Sache nicht, dazu habe ich zu außerordentliche Dinge erlebt. Allein hier war ich mit meinen fünf Sinnen zu Ende. Endlich kam mir aber doch der Hase so nahe, dass ich ihn mit meinem Gewehr erreichen konnte. Er stürzte nieder(,) und was meinen Sie, was ich fand? Vier Läufe hatte mein Hase unter dem Leibe und vier auf dem Rücken. Waren die zwei unteren Paare müde, so warf er sich wie ein geschickter Schwimmer, der auf Bauch und Rücken schwimmen kann, herum(,) und nun ging es mit den beiden neuen wieder mit verstärkter Geschwindigkeit fort. Nie habe ich nachher einen Hasen von der Art gefunden.

(Nach G. A. Bürger)

25 Tapfere Helfer

Vorübung:

Der Mü**ll**ergehilfe, der Mü**ll**er, die M**üh**le, der M**üh**lgraben; Hartberg (ein Ort in der Steiermark in Österreich); die **V**illa, die **V**illen, **V**illenbesitzer, 75-jährig, 30-jährig, 100-jährig; die Ha**ck**e (Beil), **h**acken, aushacken; der **V**erschlag (Schuppen); einschl**ieß**en, eingeschlo**ss**en, **v**erschlo**ss**en; das **I**nnere des Hauses, das ver**qu**almte **I**nnere; der Bra**nd**, Bra**nd**herd, die Bra**nd**wunde, der Bra**nd**geruch; bre**nn**en, bra**nn**te, gebra**nn**t, verbra**nn**t, bre**nn**en**d**.

Ansage:

Der Mü**ll**ergehilfe Franz Gruber und der Postbeamte Johann Gigerl bemerkten eines Tages, da**ss** aus dem Nebengebäude einer Hartberger **V**illa in der Steiermark Fla**mm**en schlugen. Rasch **v**erst**ä**ndigten sie die Besitzeri**n** der **V**illa, eine 75-jährige Frau. Die alte Frau eilte sofort zu de**m** bedrohten Geb**äu**de und wollte eine Ha**ck**e aus dem Haus holen, weil die Löschger**ä**te in einem **V**erschlag eingeschlo**ss**en waren. Kaum war sie im **v**erqualmten **I**nneren des Hauses **v**erschwunden, als auch schon krachen**d** ein Teil der De**ck**e einbrach. Rasch entschlo**ss**en drangen Gruber und Gigerl zum Bran**d**herd vor. Unter Trü**mm**ern, halb verschüttet, fanden sie die alte Frau, die aus eigenen Kräften das bre**nn**ende Haus nicht mehr hätte **v**erlassen kö**nn**en. Tro**tz** schwerer Bran**d**wunden ist sie je**tzt** au**ß**er Lebensgef**ah**r.

(Aus „Mappe der Menschlichkeit“)

26 Wir besteigen einen Berggipfel

Vorübung:

Der Acker, die **Ä**cker; der Hang, die H**ä**nge; der Wald, die W**ä**lder; die L**ä**rche (ein Nadelbaum), L**ä**rchenholz; die Waldgr**e**nze, die St**aa**tsgr**e**nze, angr**e**nzen, begr**e**nzen; das M**oo**s, bem**oo**st, M**oo**s-polster; die Latschen (buschartige Legf**öh**ren); das M**ee**r, die M**ee**restiere, das M**ee**rwasser; die S**ee**, die Nords**ee**.

Ansage:

An eine**m** **S**onntagmorgen brachen wir zu dieser ach**t**stündigen Wanderung auf. Die kleinen **Äck**er und W**ie**sen an den unteren H**ä**ngen blieben allm**äh**lich zurü**ck**. Auch die Laubb**äu**me trafen wir seltener an, dafür k**a**men wir m**eh**r und m**eh**r in den Nadelwald. Mit zun**eh**mender Höhe fanden wir neben den Fichten immer z**ah**l-reicher die lichthungrigen L**ä**rchen. Schl**ie**ßlich hörte der Wald auf. Nur **v**ereinzelt standen zerzauste We**tt**erta**nn**en mit langen, grauen Bartflechten an den Zweigen. Bem**oo**ste Felsbro**ck**en lagen umher. Sie bildeten ein wildes M**ee**r von gewaltigen Stein**b**ro**ck**en. Über der Baum**gr**e**n**ze umgaben uns nur mehr La**tsch**en. Alpenrosen leuchte-ten rot aus i**h**ren n**ie**drigen Stauden. Wir hatten die Region der Almen e**rr**eicht.

(Aus „Natur und Geschichte 1“)

27 Der König der Wälder

Vorübung:

Der Rot- oder Edelhirsch, der „König der W**ä**lder“; ein **p**rächtiges Gew**eih**, das Hirschgew**eih** (die „Stangen“); die **P**racht, **p**racht**v**oll; wa**chs**en, heranwa**chs**en, der Wu**chs**, es wä**chst**, das Gewä**chs**haus; der Sch**ä**del, der Sch**ä**delknochen; das **Haa**r, die h**aa**rige Haut, die H**ä**rchen; der Hirsch „fegt“ den „Bast“ ab (J**ä**gersprache, er reibt sich an den B**äu**men die Haut vom Geweih ab); der Baum, die B**äu**me; der Strauch, die Str**äu**cher; der Nebenb**uh**ler, b**uh**len (um die Gunst des Weibchens werben).

Ansage:

Man nennt den Rot- oder Edelhirsch gern den „König der W**ä**lder“. Aber dieser König lebt von der Gnade des Menschen. Der Edelhirsch erreicht eine L**ä**nge von über 2 Metern und eine Schulterhöhe von 150 Zentimetern. Sein pr**ä**chtiges Gew**eih** mi**ss**t bi**s** zu einem Meter und spannt ebenso **v**iel. Jedes **Jah**r mu**ss** er diesen Kopfschmu**ck** heranwa**chs**en la**ss**en. Im Frühj**ahr** wirft er das alte Gew**eih** ab(,) und zurü**ck** bleibt eine rasch heilen**d**e Wun**d**e. Sie be**d**e**ck**t sich bal**d** mit einer blutigen Haut. Aus den Knochen des Sch**ä**dels w**ä**chst dann das neue Gew**eih**. Zuerst ist es von einer h**aa**rigen Haut, dem „Bast“, überzogen. Der Hirsch „fegt“ sie an Str**äu**chern und B**äu**men ab. Im Herbst ist dann sein Gew**eih** in neuer **P**racht erstan**d**en. Und je**tzt** wei**ß** er diese Wa**ff**e im Kampf gegen den Nebenb**uh**ler zu nu**tz**en. Hart **p**ra**ll**en beim Kampf die „Stangen“ aufeinander.

(Aus der Jugendzeitschrift „Gib acht!“)

28 Heringsfang

Vorübung:

Der H**e**ring, die H**e**ringe, der H**e**ringszug, der H**e**ringsfang; der **Fj**ord (Einschnitt ins Land); das Fischerb**oo**t, das Ruderb**oo**t, das Faltb**oo**t; fa**ss**en, fa**ss**te, gefa**ss**t; gli**tz**ern, gli**tz**ernd, gli**tz**ernde Fische; der Südwester (breitkrempiger Hut); der **Öl**rock (Rock, dessen Stoff mit **Öl** imprägniert wurde); die Schu**pp**e, sich schu**pp**en, die Fischschu**pp**en; soda**ss**.

Ansage:

Die H**e**ringszüge k**a**men von Westen her und zogen am Leuchtturm **v**orbei dem Lan**d** zu. In dem breiten **Fj**ord f**uh**ren die Fischerb**oo**te immer drei und drei nebeneinander. Da, wo die **See** dunkler auss**ah** und in kleinen, kurzen We**ll**en aufsch**äu**mte, w**a**ren die H**e**ringe. Die Fischer warfen an diesen Stellen **v**orsichtig lange Ne**tz**e ins Wa**ss**er, fa**ss**ten sie ringsum zusammen und schnürten sie unten zu, soda**ss** sie schl**ieß**lich mit gli**tz**ernden Fischen gefü**ll**t herausgezogen werden konnten. Manche B**oo**te waren in kurzer Zeit mit Fischen gefü**ll**t. Die Fischer standen bis an die Kn**ie** in H**e**ringen(,) und von dem Südwester bis zum unteren Rand i**h**res **Öl**rocks glän**z**ten die H**e**ringsschuppen.

(Selma Lagerlöf)

29 Nur ein Baum

Vorübung:

Marokko (Staat in Nordafrika), marokkanisch; die Umfassungsmauer des Palastes; Filmaufnahmen; die Kamera, die Kameraleute; dasselbe; die Schnörkel, verschnörkeln, die verschnörkelte Inschrift; Portugal, die Portugiesen; Böses tun, Schlimmes hören; der Balken, die Länge des Balkens, die Planke, die Höhe der Planke; das Boot, das Fährboot, das Ruderboot. Schema für die direkte Rede:

Begleitsatz : „Direkte Rede."

„Direkte Rede", Begleitsatz.

„Direkte Rede", Begleitsatz, „direkte Rede."

Ansage:

Da ließ ein marokkanischer Fürst einmal ungerührt ein Stück aus der Umfassungsmauer seines Palastes herausbrechen, nur weil sie einer Filmaufnahme im Weg war. Aber den Baum, der für die Kameraleute ebenso hinderlich war, den ließ er nicht umhauen.
„Mauern sind rasch wieder aufgebaut", sagte der Fürst, „bis aber ein Baum gewachsen ist, braucht es ein ganzes Menschenleben."
Dasselbe sagte nicht weniger deutlich die verschnörkelte Inschrift, die ich auf einem Holztäfelchen an einem Baum in Portugal fand. Dort stand, frei übersetzt: „Wanderer, der du hier vorbei kommst und Hand an mich legen willst, höre mich an, ehe du mir Böses tust: Ich bin die Glut in deinem Herd, bin der Schatten, der dich vor sengender Sonne schützt. Ich bin der Balken, der dein Haus stützt, die Platte von deinem Tisch, dein Bett und die Planke, mit der du dein Boot baust. Ich bin das Holz deiner Wiege und deines Sarges. Hör meine Bitte: Tu mir nicht weh!"
Auch ohne bemalte Holztafel spricht jeder Baum dasselbe.

dass
Satzzeichen bei der direkten Rede

6. Schulstufe
Leistungsstufe 1

30 Du glaubst, du kennst die Katze?

Vorübung:

Die Ka**tz**e, das Ka**tz**enfell, die Ka**tz**enpfötchen; Schnu**rr**h**aa**re, schnu**rr**en, geschnu**rr**t; die H**aa**re, das H**ä**rchen; w**ah**rscheinlich, es ist w**ah**r (richtig), die W**ah**rheit, w**ah**rlich; die Pu**pill**en (Sehlöcher); schm**a**l, schm**a**ler, am schm**a**lsten; schmale Schlitze; sich in Spalten zw**ä**ngen, der Zwang, die Zwangsjacke; sa**m**tweich, der Sa**m**t.

Ansage:

We**nn** du deinen Freund fragst, wie eine Ka**tz**e auss**ieh**t, wird er den Kopf schütteln und w**ah**rscheinlich antworten: „Wie eine Ka**tz**e eben.“ Damit meint er, deine Frage w**ä**re du**mm**, denn jeder Mensch wü**ss**te, da**ss** eine Ka**tz**e auf sa**m**tweichen Pfötchen daherko**mm**t, da**ss** sie ein seidenweiches Fe**ll**, einen runden Kopf, lange Schnu**rr**h**aa**re und große Augen hat. Ebenso wei**ß** jeder, da**ss** sie scharfe Kra**ll**en besi**tzt** und da**ss** ihre Pupillen am Tag nur schmale, senkrechte Schli**tz**e bilden. Auch da**ss** sie ein Nachttier ist, sich durch enge Spalten zw**ä**ngen ka**nn** und Mäuse f**ä**ngt, ist bekannt. Doch wer wei**ß**, warum i**h**re Krallen verschwinden, we**nn** sie sie nicht gebraucht? Warum kann sich die Katze so schmal machen? Warum sind ihre **Pupill**en am Tag nur dü**nn**e Striche? Davon haben die **m**eisten Menschen kaum eine A**h**nung.

(Aus „Der Naturforscher 1“)

v, ee

6. Schulstufe
Leistungsstufe 2

31 Die Schweiz – das Gasthaus Europas

Vorübung:

Die Schweiz, Schweizer Gebiet, schweizerisch; der Staat, das Staatsgebiet, das Staatsoberhaupt; zwei Drittel, die Hälfte, ein Viertel; das Vieh, die Viehzucht, der Viehzüchter; der Schnee, schneeweiß, schneeig; erreichen, erregen, erraten; der Sankt-Gotthard-Tunnel; der Tessin (ein Kanton in der Schweiz); üppiger Pflanzenwuchs, die Üppigkeit; der Oleander, die Zypressen, die Agaven, die Orangen, die Zitronen.

Ansage:

Zum Staatsgebiet der Schweiz gehört ein wesentlicher Teil der Westalpen. Zwei Drittel des Landes sind Hochgebirge. Die Bergbauern leben wie in den deutschen Alpengebieten und in Österreich von der Viehzucht und der Forstwirtschaft. Vom Hochgebirge aus, wo Schnee und Eis regieren, kann man in wenigen Stunden warme Gebiete erreichen. Durch den Sankt-Gotthard-Tunnel gelangen wir in den heiteren Tessin. Zwischen hohen Bergen öffnen sich reiche Täler mit üppigem Pflanzenwuchs nach Italien hinaus. Sprache und Sitten, Bauweise und Kultur sind hier schon italienisch. In prächtigen Gärten wachsen hier südliche Pflanzen: Oleander, Zypressen, Agaven, Ölbäume sowie Orangen und Zitronen. Berühmt ist die Gastlichkeit der Schweizer. Viele Fremde kommen daher in dieses „Gasthaus Europas“.

(Aus „Europa“, Verlag Herder)

Fremdwörter
erdkundliche Eigennamen

6. Schulstufe
Leistungsstufe 2

32 Die Britischen Inseln

Vorübung:

Die **B**ritischen Inseln, Großbrita**nn**ien; die **b**edeuten**d**sten Inseln, die **größ**ten (Inseln) in Europa; James Watt, der Erfinder der Dampfmaschi**n**e; an die **St**el**l**e von, **a**nstelle; umw**ä**lzen**d**, w**ä**lzen, die Walze; die Lo**k**omoti**v**e, die Dampflo**k**omoti**v**e, die Ele**k**tro-lo**k**omoti**v**e; die Mi**ss**ion, der Mi**ss**ion**a**r, mi**ss**ionieren; aufs **E**ngste vertraut sein, aufs **E**ngste befreundet, aufs **E**ngste verbunden; neue Siedlungsgebiete: Nordamerika, Afrika, Asien, Australien; die Kolo**n**ie, der Kolo**n**ialst**aa**t, die Kolo**n**ialwaren, kolo**n**ialis**ie**ren.

Ansage:

Die **B**ritischen Inseln sind für die Menschheit die bedeuten**d**sten Inseln der Welt und die grö**ß**ten in Europa. Hier hat die Industr**ie** **ih**ren Ursprung. Hier erfand James Watt 1764 die Dampfmasch**i**ne, die für die Menschheit von so weitreichen**d**er Be**d**eu**t**ung war. An die **S**telle der schwachen menschlichen Muskelkraft trat jetzt die unen**d**lich starke Masch**i**ne. Eine umw**ä**lzende Entwicklung b**ah**nte sich an. Hier arbeitete die erste Spi**nn**maschine, h**ie**r f**uh**r die erste Lo**k**omoti**v**e. Schon im 6. Jahrhundert kamen aus Irland **ch**ristliche Mönche zur Mi**ss**ion nach Mitteleuropa. Die Engl**ä**nder sind durch ihre Inselheimat mit dem weiten Ozean sei**t** **Jah**rhunderten aufs **E**ngste **v**er**t**raut. Jenseits der Weltm**ee**re suchten und fanden sie neue **Sie**dlungsgeb**ie**te, in Nordamerika, Afri**k**a, Asien und Australien. Der Inselst**aa**t wurde die grö**ß**e Kolo**n**ialmacht der Erde.

(Aus „Europa“, Verlag Herder)

33 Im Schatten wird man besser braun

Vorübung:

Die Sonnenbr**äu**ne, br**äu**nen, braun; **J**ung und **A**lt, **G**roß und **K**lein, **a**lt und **n**eu; der Balkon, Blumen auf dem Balkon, die „Sonnenanbeter"; durch **L**iegen bräunen, durch **S**chlafen Erholung finden, durch **W**aschen sich erfrischen; der Kre**bs**, kre**bs**rot, kre**bs**eln; das **M**aßhalten; das **W**ichtigste (= am wichtigsten), wichtig; beim **B**aden, beim **S**onnenbaden, zum **S**onnenbaden, beim **S**chwimmen; das **E**inkremen, die Sonnen**k**reme, die Schuh**k**reme; filtr**ie**ren, das **F**ilter, das Sonnen**f**ilter.

Ansage:

Jung und Alt – jeder wünscht sich Sonnenbr**äu**ne. Am Stran**d**, in der Badeanstalt, auf dem Balkon – überall s**ieh**t man Menschen in der Sonne braten. **V**ie**ll**eicht bist auch du darunter.
Die wenigsten „Sonnenanbeter" freilich bedenken dabei, wie se**h**r sie i**h**rer Gesun**d**heit schaden können. Wer glaubt, durch **L**iegen in der pra**ll**en Sonne rasch zu br**äu**nen, irrt. Am Abend nach einem solchen „Bra**tt**ag" ist man höchstens wie ger**ä**dert, hat Kopfschmer**z**en und f**üh**lt sich ma**tt**. Das Gesicht ist kre**bs**rot, der Rü**ck**en und die Beine sind verbra**nn**t. Maßhalten ist das **W**ichtigste beim **S**onnenbaden. Deshalb: **A**m Anfang mit eine**m** So**nn**enbad von höchstens 10 bis 15 Minuten begi**nn**en, dann jeden Tag 5 Minuten länger. Be**ss**er noch sind So**nn**enb**ä**der im Halbscha**tt**en, etwa unter einer Baumkrone. Die Bl**ä**tter fil**t**rieren das Licht. Auf diese Weise wird man zwar langsamer braun, aber diese Br**äu**ne h**ä**lt auch l**ä**nger, oft bis in den Winter hinein. Zum So**nn**enbaden gehört selbst**v**erst**ä**ndlich das Ein**k**remen mit einem guten Sonnenschu**tz**mi**tt**el.

34 Vom Kilometerfressen halten wir nichts

Vorübung:

Das **K**ilometerfre**ss**en, vom **K**ilometerfressen; der **S**onntag, während des **S**onntags, **s**onntags (= jeden Sonntag); gelegen**t**lich, eigen**t**lich, orden**t**lich; das **R**ad, **R**ad fahren, eine **R**adfahrt; rep**a**rieren, die Rep**a**ratur, die Rep**a**raturwerkst**ä**tte; das Ge**p**äck zusammen**p**acken, **p**acken, ver**p**acken; die Reser**v**e, die Geldreser**v**e, das Reser**v**erad, reser**v**ieren; der **B**escheid, **B**escheid geben; der **l**e**tzt**e Augenblick, zule**tzt**, **v**erle**tzt**, die **V**erle**tz**ung; rei**zv**oll, der Rei**z**, rei**z**end, das rei**z**en**d**ste Stück.

Ansage:

Es ist klar, da**ss** ich **s**onntags bei gutem Wetter zusa**mm**en mit meinem Freund gelegen**t**lich eine Radf**ah**rt untern**eh**me. Obw**oh**l mein Rad ste**ts** in Ordnung ist, sehe ich es mir vor jeder F**ah**rt noch einmal genau an(,) und zwar nicht erst im le**tzt**en Augenbli**ck**. Wenn man einen Mangel entde**ck**t, mu**ss** man ihn ja schl**ieß**lich noch rep**a**r**ie**ren können.
Meistens wi**ss**en wir genau, wohin die Fahrt geht. Die besten Z**ie**le sind dort, wo die Autof**ah**rer nicht so leicht hinkommen. Zum Gep**ä**ck gehört die Badehose. Zum **S**chwimmen haben wir eigen**t**lich immer Zeit, de**nn** es ist uns nicht wichtig, so **v**iele Kilometer wie möglich zurü**ck**zulegen. – Außer dem Taschengeld hat jeder **v**on uns einen größeren Geldschein mit (nach jeder Fahrt w**ie**der beim Vater abgeben!). Diese Geldreser**v**e hat sich bereits einmal gut bew**äh**rt, als ich einen Gabelbruch hatte. Mit der Bahn ko**nn**te ich dann nach **H**ause zurückf**ah**ren. **V**om Kilometerfre**ss**en halten wir nichts. Wir können uns Zeit la**ss**en. Manchmal ste**ll**t sich erst w**ä**hrend der F**ah**rt he**r**aus, da**ss** wir einen Abstecher in ein Gebiet machen kö**nn**en, da**s** besonders rei**zvoll** ist. Mei**s**t sind es ja die kleineren Straßen, die m**ehr** Naturschönheiten b**ie**ten. Und dort verk**eh**ren auch nicht so **viele** Autos.

35 Käuze sind harmlose Mäusejäger

Vorübung:

Die **Eu**le, die Nacht**eu**len; der Kau**z**, das K**äu**zchen, die K**äu**ze, Steink**äu**ze; der Spu**k**, der Nachtspu**k**, spu**k**en, die Spu**k**gestalt; gl**üh**en, gl**üh**te, gegl**üh**t, die Gl**üh**augen, die Gl**üh**birne; die Sympa**thie** (Zuneigung), s**y**mpa**th**isch, ein s**y**mpa**th**ischer Mensch; die Maus, die M**äu**se, M**äu**sejäger, M**äu**senest, das M**äu**serascheln; das Gehöl**z**, das Hol**z**, höl**z**ern, abhol**z**en; das Geb**äu**de, der Bau, bauen; der To**t**envogel, der To**t**e, der To**t**engräber, to**t**; der Ruf des To**t**envogels „Ku-witt-ku-witt" klingt wie „Komm mit! Komm mit!"; de**nn**och = denn + noch; die Inse**k**ten, Inse**k**tennest, Inse**k**ten**v**ertilger, **v**ertilgen, die Inse**k**ten**v**er**t**ilgung.

Ansage:

Viele Freunde unter uns Menschen haben die **Eu**len und **Käu**ze leider noch immer nicht. Sie sind **v**ielen ein unheimliches Nachtgetier, gespensterhaft und wie Spu**k**gestalten. **Ih**re Gl**üh**augen und i**h**r heimliches Wesen machen es gewi**ss** nicht leicht(,) sie s**y**mpa**th**isch zu finden.
Die großen Augen brauchen die **Eu**len, um auch in der Dunkelheit zu sehen, die feinen **Oh**ren(,) um auch das lei**s**este Mäu**s**erascheln noch zu hören. Der Steinkau**z**, eine **Eu**lenart, hat schwefelgelbe Augen. Er gehört zu den kleinsten unserer heimischen **Eu**len und wird nur etwas über 20 cm gro**ß**. Steink**äu**ze verste**ck**en sich keineswe**gs** im Wald, wo er am finstersten ist. Sie sind in offenen Gehöl**z**en, in Par**ks**, auf Fr**ie**dhöfen und gar nicht selten in der N**äh**e menschlicher Siedlungen zu finden und nisten in Mauerh**öh**len, Astlöchern, in alten Geb**äu**den und **v**or alle**m** im h**oh**len Sta**mm** alter Weiden. **V**ielerorts gilt auch heute noch der Steinkau**z** als Unheil**v**erkünder und To**t**envogel. Sein Ruf „Ku-witt-ku-witt" klingt wie „Komm mit! komm mit!". Aber er ist de**nn**och nur ein harmloser Mäusejäger und Insektenvertilger.

36 Herrscher der Bergwelt

Vorübung:

Die schroffe Felswand, eine schroffe Antwort geben; scharfe Zacken, gezackt; ein prächtig gehörnter Steinbock, die Pracht, prachtvoll; er lässt sich nieder, sich niederlassen, er lässt ihn vor, er lässt das nicht zu; sich emporrecken, sich aufrecken; mühsam, sich mühen, die Mühsal, die Mühe; kühn, seine Kühnheit, sich erkühnen; jäh, jählings, der Jähzorn; stürzen, stürzte, gestürzt, der Sturz; der Grat, der Felsgrat, die Fischgräte, das Rückgrat (in der Schweiz auch: der Rückgrat).

Ansage:

Der Steinadler segelt hoch in den Lüften. Ruhig, ohne einen einzigen Flügelschlag schwebt er über der Bergwelt dahin. Er gleitet an schroffen Felswänden und scharfen Zacken entlang, die gewaltig in den Himmel ragen. Von einem hohen Gipfel aus schaut ihm ein alter, prächtig gehörnter Steinbock zu. Stolz lässt der Steinbock von seiner Felswand aus den Blick über die Berge schweifen. Stolz reckt er den Kopf empor. Tief unten entdeckt er seinen Feind, einen Menschen, der mühsam in einer schmalen Schlucht heraufklettert. Der Steinbock steht wie ein Standbild, prächtig und kühn. Er ist der König; aber auch der andere Herrscher der Bergwelt, der Adler, zeigt sich in all seiner Kraft und Schönheit. Jählings stürzt er in die Tiefe und verschwindet hinter einem Felsgrat.

(Aus „Meyers Tierbuch für Kinder“)

37 Wasser – Rohstoff Nummer 1

Vorübung:

Die Nummer, nummerieren; die Wohnung, wohnen, bewohnen, die Wohnpartei, das Wohnhaus; fließen, es fließt, geflossen, der Fluss, das Fließband, das Fließwasser; den Wasserhahn aufdrehen, abdrehen, das Drehkreuz; viel Wasser, wie viel, vielmals, viele Male; vier, eine vierköpfige Familie; die Maschine, die Waschmaschine, die Maschinenfabrik; ein Liter, das Liter, das Litermaß; die Toilette (Abort), das Klosett, Toilette machen (sich herausputzen), bei der Toilette sein, die Damen erschienen in großer Toilette (Festkleidung); die Industrie, Industrieartikel, die Maschinenindustrie; roh, rohe Kartoffeln, der Rohstoff, die Rohheit, verrohen.

Ansage:

Du lebst in einer modernen Wohnung – mit fließendem Wasser selbstverständlich. Das Wasser fließt aus der Wand, du brauchst nur den Hahn aufzudrehen. Und wie viel Wasser verbrauchst du täglich?
Eine vierköpfige Familie holt sich jeden Tag 500 bis 1000 Liter aus der Wasserleitung, gutes, sauberes Trinkwasser. Eine Waschmaschine verbraucht pro 5 kg Wäsche bis zu 150 Liter. Jeder Zug an der Kette lässt 10 Liter Wasser durch die Toilette rauschen.
Aber einige tausend Liter verbraucht der Schlachthof, um einen Ochsen zu schlachten und sein Fleisch zu verarbeiten. Und um eine Tonne Papier herzustellen(,) werden rund 1000 Liter Wasser benötigt. Die Industrie ist der größte Wasserverbraucher. Kein Stahl ohne Wasser, kein Auto, kein Brot, kein Anzug. Wasser ist für jeden Industriezweig Rohstoff Nummer 1.

ie, v

6. Schulstufe
Leistungsstufe 2

38 Kind auf Schienen

Vorübung:

Die Schiene, die Leitschiene, die Schienen der Bahn, das Bein schienen; die Gleise, die Gleisanlage; achtzehn, achtzig, achtundachtzig; der Ort Liebedig in Kärnten; die Lokomotive, der Lokomotivführer, die Schnellzugslokomotive; die Bahntrasse, die Trassenführung; treiben, trieb, getrieben, das Getriebe; die Schnellbremsung; geistesgegenwärtig, die Geistesgegenwart.

Ansage:

Zwei Meter vor dem achtzehn Monate alten Josef O. aus Liebedig in Kärnten konnte unlängst ein Lokomotivführer den Zug anhalten. Das Kind war in einem unbeaufsichtigten Augenblick auf die Gleise geklettert.
Der Bub hatte im Garten des Hauses, an dem die Bahntrasse vorbeiführt, gespielt. Als die Mutter, die im Hause arbeitete, die Pfiffe des herankommenden Triebwagenzuges hörte, eilte sie hinaus und sah den Buben zwischen den Schienen laufen, stolpern und stürzen. In diesem Augenblick war der Zug noch dreihundert Meter von dem Kind entfernt. Die Frau konnte ihr Kind nicht mehr erreichen, vor Schreck schien ihr das Herz im Leibe stillzustehen.
Doch zwei Meter vor dem zwischen den Schienen liegenden Kind blieb die Lokomotive stehen. Mit der sofort eingeschalteten Schnellbremse war es dem geistesgegenwärtigen Lokomotivführer gelungen, den Zug eben noch rechtzeitig anzuhalten. Ein Schaffner stieg aus und legte den Klcincn in dic Arme der Mutter. Bevor diese noch richtig danken konnte, war der Zug schon wieder fort.

(Aus der Zeitschrift „Mappe der Menschlichkeit“)

39 Muttertag

Vorübung:

Der **S**o**nn**tag, am **S**o**nn**tag, **s**o**nn**tags (wiederholt am Sonntag); die Mu**tt**er, der Mu**tt**ertag, bemu**tt**ern, mü**tt**erlich; sich eri**nn**ern, er eri**nn**ert sich, die Eri**nn**erung; glatt verge**ss**en, eisgla**tt**; verge**ss**lich, die Verge**ss**lichkeit; mu**rr**en, das **M**u**rr**en, ein **M**u**rr**en, ohne ein **M**u**rr**en, mü**rr**isch; das Geschi**rr**, das Geschi**rr**tuch, Geschi**rr** abwaschen, die Geschi**rr**spülmaschine; alle, die a**ll**erbeste Seite, übera**ll**, a**ll**e Hände vo**ll** zu tun haben; **v**o**ll**er, am **v**o**ll**sten, liebe**v**o**ll**, wert**v**o**ll**, **v**o**ll**er Lob; sich mü**h**en, die Mü**h**e, mü**h**sam, die Mü**h**sal; nett zueinander sein, miteinander wegfahren, voneinander hören.

Ansage:

Am zweiten So**nn**tag des Monats **Mai** haben die Mütter i**h**ren E**h**rentag. Auch deine Mutter. Ich sage dies nur(,) um auch die daran zu eri**nn**ern, die so vieles gla**tt** **v**erge**ss**en.
An diesem Tag gibt es nur hilfsbereite, l**ie**be Buben und Mädchen. Sie ne**h**men ohne Mu**rr**en, ja sogar **oh**ne besondere Einladung das Geschi**rr**tuch zur Hand, pu**tz**en unaufgefordert schon am **V**orabend ihre Schuhe auf Hochglan**z** und zeigen sich überhaup**t** nur von ihrer a**ll**erbesten Seite.
W**äh**rend die Mu**tt**er sonst an Festtagen a**ll**e H**ä**nde vo**ll** zu tun hat, so**ll** sie diese unermüdlichen H**ä**nde an diesem Tag einmal in den Scho**ß** legen und sich verw**öh**nen la**ss**en. In den Zeitungen stehen feierliche Mu**tt**ertagsgedichte vo**ll**er Lobsprüche. Die Blumengeschäfte machen **v**iel Re**k**lame. Am Nachmi**tt**ag fährt die Fam**i**lie ins **G**rüne. Es gibt v**ie**l Spa**ß**(,) und alle sind nett zueinander. Ein schöner Tag. Am schönsten ist der Tag aber deshalb, weil du nun deine Mu**tt**er in die Arme schlie**ß**en und ihr sagen kannst, wie unendlich l**ie**b du sie hast. Das ist der **s**chönste **D**ank, wer**tv**o**ll**er als kostbare Geschenke(,) und seien sie auch noch so mü**h**sam vom Taschengeld abgespart.

40 Sport oder Beruf?

Vorübung:

Die L**ie**bhaberei, das Steckenpferd, das Ho**bb**y; die einen, die **a**nderen, für **a**ndere arbeiten; we**tt**eifern, we**tt**eifernd; Ol**y**mpia, die Ol**y**mpischen Spiele (Eigenname), der ol**y**mpische Kämpfer; die Sportler**in** Altwegg; Oslo (Hauptstadt von Norwegen); die **E**islaufsiegerin, **E**is laufen, ich laufe **E**is, er läuft **E**is; die **Mill**ion, der **Mill**ionär, **mill**ionenfach; **S**chweizer Franken, das **S**chweizer Kinderdorf Trogen; die W**ai**se (elternloses Kind), das W**ai**senkind, das W**ai**senhaus, Kriegsw**ai**sen; das H**aa**r, die H**aa**re, das H**ä**rchen, die Rev**ue**, die Eisrev**ue**.

Ansage:

Groß ist für die Sportler heute die Versuchung(,) aus i**h**rer L**ie**bhaberei einen Beruf zu machen, den Sport als Schausp**ie**l für **a**ndere und zum Gelderwer**b** zu betrei**b**en. Das hat mit dem **V**orbild des sp**ie**lerisch we**tt**eifernden, selbstlosen **o**lympischen K**ä**mpfers nichts mehr zu tun. Beisp**iel**haft handelte die **e**nglische Sportlerin Altwegg, die Eislaufs**ie**gerin der **O**lympischen Sp**ie**le 1952 in Oslo. Der Veranstalter einer **a**merikanischen Eisrev**ue** bot ihr für ein Ja**h**r eine **M**illion **S**chweizer Franken an, we**nn** sie bei i**h**m auftreten würde. Sie schlug dieses Angebot ab. Sta**tt**de**ss**en ging sie nach Trogen (Schweiz) in das Kinderdorf, wo sie für 30 Franken in der Woche täglich elf Stunden arbeitete und den W**ai**senkindern bei Schulaufgaben half, ihre W**ä**sche fli**ck**te, ihnen die H**aa**re k**ä**mmte und den 185 W**ai**sen aus neun L**ä**ndern eine Mutter zu erse**tz**en **v**ersuchte.

hauptwörtlich gebrauchte Zeitwörter, -nis

7. Schulstufe
Leistungsstufe 1

41 Wer spart, hat mehr vom Leben

Vorübung:

Das Sparen, vom Sparen, sparen, sparte, gespart, die Lust zum Weitersparen; die Sparkasse, das Sparkassenbuch; ein moralischer Rückhalt, die Moral (Sittenlehre); das Abheben, abheben, er hob ab; die Draufgabe, die Gabe, geben, gab, gegeben; die Willenskraft, die Kraft des Willens, der Wille; die Ersparnisse, die Kenntnis, die Kenntnisse, das Hindernis, die Hindernisse.

Ansage:

Sparen erfordert Willenskraft. Einmal muss man damit anfangen, kleinweise, aber eisern. Wenn man einmal einen größeren Betrag beisammen hat, kommt einem die Lust zum Weitersparen ganz von selbst, weil man schon mit einem Betrag rechnen und die Dinge in den Geschäften mit anderen Augen ansehen kann. Man spürt, wie man mit jedem gesparten Betrag freier und unabhängiger wird. Eine große Hilfe dabei ist das Sparkassenbuch, ein moralischer Rückhalt sozusagen, denn in der Brieftasche stecken die Scheine gar so locker, und die Geldbörse scheint geradezu ein Loch zu haben. Der Weg zur Sparkasse hingegen verlangt schon eine gewisse Überlegung. Abheben geht man nicht jeden Tag. Außerdem erhalten die Sparer von ihrer Sparkasse alljährlich eine kleine Draufgabe, die Zinsen. Das sind Beträge, für die du nicht arbeiten musstest, denn in der Sparkasse arbeitet das Geld für dich. Somit kannst du aber über dieses Geld frei verfügen.

(Aus der Werbebroschüre „Unter uns gesagt“)

42 Bedeutsame Erfindungen um 1500

Vorübung:

Die Wissenschaften, wissen, wusste, gewusst, das Wissen; der Glasspiegel, gläsern; die Wind- und die Wassermühle, mahlen, mahlte, gemahlt, der Müller; das Spinnrad, spinnen, spann, gesponnen, Spinnweben; Johann Gutenberg erfand die beweglichen Lettern, der Letterndruck, der Handdruck, die Handdruckpresse; pressen, presste, gepresst; das Leinenlumpenpapier; Peter Henlein; verzieren, verziert, die Verzierung; der Kompass, das Kompassgehäuse; Martin Behaim.

Ansage:

Wo Handel und Gewerbe, Künste und Wissenschaften blühen, schreitet auch die Technik voran. So ist das Mittelalter reich an Erfindungen aller Art. Erfunden wurden unter anderen die Brille und der Glasspiegel, die Wind- und die Wassermühle und das Spinnrad mit Tretkurbel. Besonders bedeutungsvoll und folgenreich war es, dass Johann Gutenberg die beweglichen Lettern und die Handdruckpresse erfand, zumal man in jener Zeit auch lernte(,) aus Leinenlumpen ein brauchbares Papier herzustellen.
Turmuhren gab es schon im 12. Jahrhundert. Sie wurden mit schweren Gewichten angetrieben. Um 1500 gelang dem Nürnberger Schlosser Peter Henlein die Erfindung der Federuhr. Die neuen Uhren hatten ein verziertes, eiförmiges Gehäuse. Auch der Kompass wurde erfunden. Er, die Taschenuhr und der Globus des Nürnbergers Martin Behaim waren von großer Bedeutung für die Entdecker fremder Erdteile.

(Aus „Lebendige Geschichte 1“, Verlag Dümmler)

43 Maschinen

Vorübung:

Die Maschine, die Dampfmaschine, die Nähmaschine, die Schreibmaschine, der Maschineningenieur, maschinell; der Motor, die Motoren, motorisch; die Muskelkraft, der Muskel, die Muskeln, muskulös; die Elektrizität, elektrisch, der elektrische Strom, der Elektromotor; das Benzin, die Benzine, das Benzinauto; die Energie, die Atomenergie, energisch.

Ansage:

So merkwürdig es klingt, alle unsere Maschinen sind aus drei dem Menschen seit alters her bekannten Grundbestandteilen aufgebaut, nämlich aus Hebel, Rad (Welle) und schiefer Ebene (Keil und Schraube).
Eine Maschine kann niemals mehr Arbeit leisten, als man in sie hineinsteckt. Das bleibt so, gleichgültig ob die Arbeit von der menschlichen Muskelkraft, dem Wasser, dem Wind, dem Dampf, der Elektrizität, dem Benzin oder der Atomkraft geleistet wird. Es gibt keine Maschine, die sich selbst in Bewegung hält. Es ist daher leicht zu verstehen, dass alle Maschinenbauer danach streben, die Energie, das ist das Vermögen Arbeit zu leisten, immer besser auszunützen.

(Aus „Wunderbare Welt“, Verlag Herder)

44 Auch wer kein Bücherwurm ist . . .

Vorübung:

Der Bücherwurm, die Bücherei, Fachbücher, Lehrbücher; spannend, spannen, gespannt; der Traum, träumen, träumte, geträumt, verträumt; das Gedruckte, Gedrucktes, ohne Gedrucktes; gar nicht, gar viel, gar sehr; auf dem Laufenden bleiben, jemanden auf dem Laufenden halten, auf dem Laufenden sein; informieren (belehren, Auskunft geben), informiert sein (unterrichtet sein), die Information; das Richtige, Richtiges, das Kostbare, Kostbares, das Schlechte, Schlechtes, das Dumme, Dummes, das Überflüssige, Überflüssiges; nämlich, er sagt das Nämliche (dasselbe), der Name; kostbar, das Kostbarste.

Ansage:

Wer wollte ohne Bücher leben(,) und wer könnte das überhaupt? Auch wer nicht gerade ein Bücherwurm ist, der alles verschlingt, was spannend, aufregend, lustig oder verträumt ist, auch der kommt ohne Gedrucktes nicht aus. Und schon gar nicht kommt man ohne Fachbücher, ohne Zeitschriften, ohne Zeitungen vorwärts.

Wer in unserem Jahrhundert mitkommen, wer auf dem Laufenden bleiben will, der muss informiert sein, nicht nur so allgemein, sondern gründlich. Er muss darum viel, schnell und oft lesen.

Und er muss das Richtige lesen! Das ist nämlich schon der halbe Erfolg. Man kann gewiss auch lesen, nur um die Zeit totzuschlagen. Wer liest, der lernt – aber man kann auch Schlechtes, Dummes und Überflüssiges lesen(,) und da lernt man eben bloß dieses.

45 Einer braucht den anderen

Vorübung:

Der eine, der andere, eines hängt vom anderen ab; der Familienhaushalt; die Magd, die Mägde; miteinander, füreinander, gegeneinander; nichts Dümmeres, nichts Schöneres, nichts Interessanteres; zu wenig, zu viel; die Industrie, die Verbrauchsgüterindustrie; die Katze, die Schmeichelkatze; reißen, abreißen, er reißt, hat gerissen; beißen, abbeißen, er beißt ab, hat abgebissen, das Gebiss; die übrigen Glieder.

Ansage:

In einem Familienhaushalt müssen alle Familienmitglieder zusammenhalten, wenn es gut gehen soll. Auf einem Bauernhof darf auch die Magd nicht „Hü!“ sagen, wenn der Knecht „Hott!“ gesagt hat. Und in einem Staat müssen die Bürger miteinander und füreinander schaffen und nicht gegeneinander. Nichts Dümmeres als die Ansicht, dass es dir gut gehen kann, wenn es deinem Nachbarn schlecht geht. In der Volkswirtschaft hängt eins vom anderen ab. Gibt man dem Bauern zu wenig für seine Erzeugnisse, bleibt ihm kein Geld zum Kauf von Verbrauchsgütern. Kann der Bauer keine Verbrauchsgüter kaufen, schadet dies der Verbrauchsgüterindustrie. Leidet die Industrie, baut sie Arbeiter ab. Ist der Arbeiter arbeitslos, kann er dem Bauern kein Fleisch abkaufen. Und so „beißt sich die Katze in den Schwanz“.
Wir alle sind Glieder einer Kette. Ist auch nur ein einziges Glied schwach, reißt die Kette, wie stark die übrigen Glieder auch sein mögen. Das sollte jedem einleuchten.

(Aus der Zeitschrift „Landjugend“)

46 Der Bauer

Vorübung:

Der hohe, z**äh**e Wuchs, z**äh**, die Z**äh**igkeit; so**nn**enbraun; die grauschwarze Scha**ff**e**ll**hose; der **W**o**h**lhabende, der wo**h**lhabende Bauer, wo**h**lhabend, de**nn**och, de**nn**, **n**och; die geme**ss**ene, ruhige Art; das Furchengesicht; das **Ä**ußere, sein **Ä**ußeres, auf sein **Ä**ußeres achten (auf was?); **ä**ußerst, auf das **Ä**ußerste empört sein, außen.

Ansage:

Der Bauer war hohen, zähen Wuchses. Star**kk**nochig, so**nn**enbraun schauten Hals, Brust und Arme aus dem groben, die Spuren der Arbeit tragen**d**en Hemd. Die na**ck**ten Fü**ß**e waren bestaubt. Als Gewandung trug der Bauer eine schlechte, grauschwarze Scha**f**-**fell**hose und eine o**ff**ene, abgenützte Weste. Es war nicht zu sagen, da**ss** der **W**o**h**lhabende seinen **R**eichtum zur Schau trug. Und de**nn**och hatte er eine Art **V**orne**h**mheit an sich. Sie lag in seinem **W**esen und in der geme**ss**enen, ru**h**igen Art seines Furchengesichtes. D**ie**ses war bartlos und gebr**äu**nt. Dunkle, dichte Brauen überspa**nn**ten die scharfen Augen. Geraden Baues ragte die Stirn unter das fr**üh** wei**ß** gewordene H**aa**r. Er erzwang sich schon in seinem **Ä**ußeren die Achtung, die er **v**erd**ie**nte.

(Nach Ernst Zahn)

47 Die kleine Meise

Vorübung:

Die Stu**b**e, das Stu**b**enfenster; sitzen, sa**ß**, gese**ss**en; la**ss**en, lie**ß,** gela**ss**en; hereinkommen, hereinspa**z**ieren, hereinhüpfen; die Mei**s**e, das Mei**s**ennest; die **Pla**tt**e**, die Tisch**p**la**tt**e, **p**la**tt**; hin- und he**rr**ücken, hin- und herfahren; gleiten, ausgleiten, begleiten; wä**h**rend des **S**chreibens, wä**h**rend des **E**ssens, wä**h**rend des **S**chlafens; das Bisk**ui**t (ein Kuchen), ein Bisk**ui**tbrösel, die Bisk**ui**tpfa**nn**e; tri**pp**eln, tri**pp**elte, getri**pp**elt; das **B**rö**ck**lein, der **B**rocken, ein**b**rocken.

Ansage:

Einmal sa**ß** ich allein in der Stube am Tisch bei einer Schreibarbeit. Das Fu**tt**erbre**tt** stand in meiner nächsten Nähe(,) und als nun eine kleine Mei**s**e hereinkam und sich auf der Tischlpla**tt**e niederlie**ß**, mochte die mit der Feder hin- und he**rr**ückende Hand und das ganze Schreibger**ä**t ihr nicht ganz geh**eu**er erscheinen, de**nn** sie wagte sich nicht bis an das Fu**tt**er heran. Langsam lie**ß** ich die Feder aus de**n** Fingern gleiten(,) und noch **v**iel langsamer griff ich, wä**h**rend das Mei**s**lein ein wenig gegen das offene Fenster zurückhüpfte, ein Bisk**ui**tbrösel aus dem Futter und h**ie**lt es, de**n** Arm unmerklich **v**orschieben**d**, zwischen Daumen und Zeigefinger dem **V**ogel hin. Schri**tt**weise **tripp**elte er näher, immer näher(,) und en**d**lich, mit raschem Entschlu**ss**, packte er das Brö**ck**lein zwischen den Fingern heraus. Er flog damit gleich durchs Fenster, aber ich war doch glücklich wie selten im Leben.

(Franz Nabl)

48 Fledermäuse haben ein Radargerät

Vorübung:

Der Horizont, horizontal; eine **Z**eit lang, eine **Z**eit lang wegbleiben; die Sonne glo**s**t in purpurnen und lila Feuern; der Dä**mm**erung**s**-schatten; kopfunter, kopfüber; de**h**nen, ausde**h**nen, ausgede**h**nt; la**ss**en, ich la**ss**e, er lä**ss**t; die Fledermaus zickzackt; **h**undert, **t**ausend, **H**underte, **T**ausende (von), **H**underttausende; die Jag**d**, der Jag**d**-anzug, jagen, jag**t**e, er jag**t**; die Inse**k**ten, die Inse**k**tenschw**ä**rme; unbeirrbar; die Hast (Eile), ha**s**ten, er ha**s**tet, du ha**s**test; der schri**ll**e Ton.

Ansage:

We**nn** die So**nn**e hinab ist und der westliche Horizont noch eine **Z**eit lang in gelben, purpurnen und lila Feuern glo**s**t, wä**h**rend die Dä**mm**erungsscha**tt**en auf der Erde sich vert**ie**fen und die Ku**pp**el des Hi**mm**els i**mm**er dunkelblauer und **v**iole**tt**er wird, begi**nn**en die Flederm**äu**se zu erwachen, die kopfunter an der Decke einer ausged**eh**nten Felsenh**öh**le h**ä**ngen. Eine nach der anderen l**äss**t sich fa**ll**en, entfaltet die Hautflügel und zi**ck**za**ck**t in den Abend hinaus. Erst sind es **H**underte, dann **T**ausende, dann **H**underttausende. Wie sturmzerfe**tz**te Wolken treiben sie dahin. Sie sind auf der Jag**d** nach den Inse**k**ten, die jetzt i**h**re T**ä**n**z**e auffü**h**ren.
Bis vor kurze**m** konnte man sich nicht erkl**ä**ren, wie die Flederm**äu**se es anstellen, auch in der dichtesten Dunkelheit ihre Beute zu finden und mit unbei**rr**barer Sicherheit jedes Hinderni**s**, da**s** sich ihrer Ha**s**t en**t**gegenste**ll**t, zu meiden. Heute wi**ss**en wir, da**ss** sie einen schri**ll**en, für das Menscheno**hr** nicht verne**h**mbaren Ton aussenden, de**ss**en Scha**ll**we**ll**en von den Gegenst**ä**nden oder Lebewe**s**en, auf die sie tre**ff**en, zu i**h**nen zurü**ck**geworfen werden und so ihren Flug lenken.

(Manfred Hausmann)

49 Wir machen Besuch

Vorübung:

Das **W**ohl und **W**ehe; die **A**nteilna**h**me, **A**nteilna**h**me zeigen, **A**nteil nehmen; die Schuhe a**bp**utzen, die Kleider a**bputz**en, **putz**en, das **Putz**tuch; die Ziga**r**e**tt**e, der Ziga**rett**enrauch, die Ziga**rett**enasche; die Ziga**rr**e; achten, aus **A**chtung; zum **S**itzen au**ff**ordern, zum **E**ssen einladen.

Ansage:

Gute Laune ist bei einem Besuch nach Möglichkeit mitzubringen. Man wird nicht nur über seine **e**igenen **A**ngelegenheiten sprechen, sondern auch für das **W**o**h**l und **W**e**h**e seiner Gastgeber **A**nteilna**h**me zeigen. Der Besucher wird ferner bestre**bt** sein(,) der Hausfrau möglichst wenig Arbeit zu machen. Er wird die Schuhe a**bp**u**tz**en, Tischw**ä**sche und Geschi**rr** schonen und Ziga**rett**enasche nicht auf den Boden fa**ll**en la**ss**en. Er wird unter Umständen der Hausfrau bei i**h**rer Arbeit für die G**ä**ste behilflich sein.
Die Kleidung des Besuchers so**ll** ne**tt** und sauber sein, schon aus Achtung vor dem Gastgeber. Nicht geladene G**ä**ste mitzubringen(,) sollte man möglichst **v**ermei**d**en. Hat man jedoch einen Freund mitgeno**mm**en und ist er im Haus des Gastgebers unbeka**nn**t, da**nn** stellt man i**h**n sogleich vor. Zuerst wird immer die Hausfrau begrü**ß**t, da**nn** der Haushe**rr** und die übrigen G**ä**ste. Man se**tzt** sich nicht sofort hin, sondern wartet, bis der Gastgeber zum **Sitz**en au**f**-**f**ordert und seinen Gästen einen **Sitz**pla**tz** an**bie**tet.

(Aus der Zeitschrift „Landjugend“)

50 Der Hase ist kein Angsthase

Vorübung:

Der Feldhase ho**pp**elt, ho**pp**eln, geho**pp**elt; Australien (ein Erdteil); die **W**eiten **Ch**inas; der **Ur**wald, die **Ur**zeit, der **Ur**zustand; sch**ät**-zen, sch**ä**tzte, gesch**ä**tzt, die Sch**ä**tzung; auf der **H**ut sein; Gefa**h**r dro**h**t, dro**h**en; das S**y**mbol (Sinnbild), s**y**mbolisch; wa**h**rscheinlich, es ist wa**h**r, die Wa**h**rheit; sie ist **s**chuld, **s**chuld sein; die **S**chuld, **S**chuld haben; das **D**utzen**d**, zwei **D**utzen**d**.

Ansage:

Auf der ganzen Welt ist der Feldhase heimisch geworden. Er ho**pp**elt in Europa und Ameri**k**a, in Australien und in Südameri**k**a, in Kleinasien und in den **W**eiten **Ch**inas. Nur die heißen L**ä**nder und tropischen **Ur**w**ä**lder haben **ihm** keine Heimat geben können. Ein Hasenleben ist schwer. Za**hll**os sind seine Feinde. Fuchs und Marder, Raubvögel und Kr**äh**en sch**ä**tzen junge und schwache Hasen als Le**ck**erbi**ss**en. Da heißt es jederzeit auf der **H**ut sein und flink die Flucht ergreifen, wenn Gefa**h**r dro**h**t. Aber ein Angsthase ist der **H**ase nicht. In die **E**nge getr**ie**ben, **v**er**t**ei**d**igt er sogar se**h**r erbi**tt**ert sein Leben. Vor einem al**t**en Hasen hütet sich manch junger Fu**chs**. Und warum ist der Hase ein S**y**mbol des Osterfestes geworden? Wa**h**rscheinlich ist seine gro**ß**e Fruchtbarkeit daran **s**chuld. Osterzeit ist Frühja**h**rszeit. Da erwacht übera**ll** neues Leben in der Natur(,) und ein oder zwei **D**utzen**d** junger Hasen kann eine Hasenmu**tt**er jedes Ja**h**r zur Welt bringen.

51 Ich habe mir ein Aquarium angeschafft

Vorübung:

Das Ho**bb**y (Lieblingsbeschäftigung), viele Ho**bb**ys haben; Interes**s**antes erzählen; das **E**inrichten des A**qu**ariums, mehrere A**qu**ar**ien**; wert**v**olle Ti**pp**s (Ratschläge); das **E**instellen, beim **E**instellen der Wa**ss**ertem**p**er**at**ur, beim **B**epflanzen des Bodens; das **V**erschmutzen, ein **V**erschmutzen; herausspringen, das **H**erausspringen der Fische, **v**iel **N**ützliches über das **P**flegen und **Z**üchten der Fische lernen, **v**ieles **a**ndere.

Ansage:

Lieber Walter!
Nachdem **d**u mir in **d**einem ersten Brief ausführlich über **d**ein neues Ho**bb**y, das **A**ngeln, berichtet hast, will ich **d**ir heute **I**nteressantes von meine**m** derzeitigen Ho**bb**y erzählen. Es hat auch etwas mit Fischen zu tun, nur kann man diese nicht **a**ngeln. Ich habe mir n**ä**mlich ein A**qu**arium angeschafft.
Das **E**inrichten des A**qu**ar**iu**ms allein war schon ein spannendes **E**rleb**nis**. Auch mein Vater hat sich darüber gefreut. Er hat n**ä**mlich vor Jahren auch ein A**qu**arium gehabt. Er kann mir daher jetzt noch wert**v**olle **T**i**pp**s geben, z. B. über das **E**instellen der richtigen Wassertem**p**er**at**ur oder über das **B**epflanzen des Bodens.
Das A**qu**arium braucht z. B. eine De**ck**scheibe, sie soll ein **V**erschmu**tz**en der Wa**ss**eroberfl**ä**che verhindern, ebenso das **H**erausspringen oder **S**pritzen der Fische. Da **v**iele Fische gut springen können, mu**ss** die De**ck**scheibe lü**ck**enlos abschl**ieß**en.
In der ö**ff**entlichen Bücherei habe ich mir auch ein Buch über das **A**nlegen und **A**ufstellen von A**qu**arien ausgel**ieh**en. Dadurch habe ich viel **N**ützliches über das richtige **P**flegen der verschiedenen Fischarten gelernt, sogar über das **Z**üchten von Jungtieren und **v**ieles **a**ndere.
Lieber Walter, ich wünsche **d**ir beim Angeln weiterhin viel Spaß(,) und schreib mir bald wieder!

Herzliche Grüße!

Dein Richard

Anführungszeichen, rr, ll, ee, nn

7. Schulstufe
Leistungsstufe 2

52 Die maurische Kultur in Spanien

Vorübung:

Cordoba (Stadt in Südspanien), die Mauren (Bezeichnung für die Araber, welche im Mittelalter Spanien beherrschten), maurische Bauwerke, Bewässerungsanlagen, die Zitrone, der Maulbeerbaum, die Seidenraupenzucht, die Baumwollpflanze, das Zuckerrohr, der Kaffee, das Kaffeehaus, der Alkohol, alkoholisch, das Sofa, die Matratze, Matratzenlager, die Giraffe.

Ansage:

In den 700 Jahren der maurischen Herrschaft in Spanien nahm die Kultur einen großen Aufschwung, sodass eine rege Bautätigkeit einsetzte. Allein in Cordoba gab es 600 Tempel. Viele maurische Bauwerke sind bis auf den heutigen Tag erhalten geblieben. Große Erfolge hatten die Mauren auch in der Landwirtschaft, indem sie für die ausgedörrten Gebiete Südspaniens ausgeklügelte Bewässerungsanlagen schufen, wie sie solche von ihrer trockenen Wüstenheimat her kannten. Sie brachten auch eine Reihe von Pflanzen nach Spanien, die vorher dort unbekannt gewesen waren: die Zitrone, den Maulbeerbaum für die Seidenraupenzucht, die Baumwollpflanze und das Zuckerrohr.

Da das Zuckerrohr bis dahin überhaupt noch nicht in Europa bekannt war – man süßte die Speisen mit Honig –, eröffneten die Mauren einen schwunghaften Handel mit Zucker. So wundert es nicht, dass die Wörter „Zucker“ und „Sirup“ aus dem Arabischen stammen. Auch die Wörter „Kaffee“, „Alkohol“, „Sofa“, „Matratze“ und „Giraffe“ sind arabischen Ursprungs und zeigen den Einfluss, den die Mauren auf die europäische Kultur genommen haben.

Ausdrücke aus der Technik
bb, pp

7. Schulstufe
Leistungsstufe 2

53 Das Zauberband der Töne

Vorübung:

Die Spule, abspulen; der A**pp**arat, der Fernse**h**a**pp**arat, der Radioa**pp**arat; Rundfunksendung, Fernse**h**sendung; automatische Steuerung, das automatische Getr**ie**be, die Automati**k**; das Ele**k**tronengehirn, die Ele**k**troanlage; das Magneto**f**on (Tonbandgerät); der Dire**k**tor, die Dire**k**tion, die Se**k**ret**ä**rin, das Se**k**retariat; das Ho**bb**y (Steckenpferd); w**ie**dergeben, auf W**ie**dersehen.

Ansage:

Ein schmales, dunkelbraunes Ban**d** aus Kunststo**ff**, auf Spulen aufgero**ll**t, ist der eigen**t**liche Zauberkünstler in **v**ielen A**pp**araten unserer modernen Techni**k**. O**h**ne dieses Zauberban**d** ko**mm**t h**eu**te keine Rundfunksendung, keine Fernsehsendung aus, g**ä**be es keine automatische Steuerung von Masch**i**nenanlagen, kein „Ele**k**tronengehirn", keinen Flug zum Mond. Und es g**ä**be die **v**ielen, **v**ielen Tonbandger**ä**te nicht, mit denen Schüler leichter Fremdsprachen lernen, in die der Direktor seiner Sekret**ä**r**in** Br**ie**fe di**k**t**ie**rt, die stundenlange **V**ortr**ä**ge aufzeichnen und mit denen Tonbandfreunde in aller Welt sich ein he**rr**liches Ho**bb**y gemacht haben.
Als „Tonband" ke**nn**t jeder dieses Zauberban**d**(,) und jeder wei**ß**, da**ss** Töne festhalten, aufbew**ah**ren und w**ie**dergeben kann.

54 Perlen können gezüchtet werden

Vorübung:

Die Fels**b**ank, die Fels**bä**nke, die Muschelbank; die Ko**l**onie, die Muschelko**l**onie, Ko**l**onialwaren; das M**ee**r, der M**ee**resboden; die **P**erlenfischerei, **P**erlenbildung, Zucht**p**erlen, das **P**erlenhalsband; überm**ä**ßig, über das Ma**ß**.

Ansage:

Perlenfischerei wird in allen warmen M**ee**ren in der N**ä**he der Küste be**tr**i**e**ben, wo sich auf Felsb**ä**nken gro**ß**e Muschelko**l**onien ange-s**ie**delt haben. Die Perlenfischer tauchen und rei**ß**en die Muscheln vom M**ee**resboden los. Der Erfolg ihrer Arbeit h**ä**ngt von dem Zufall ab, ob in den geernteten Muscheln sich Perlen gebildet haben. Um den Ertrag zu steigern, werden (besonders in Japan) Perlenmuscheln gezüchtet, indem man in die Muscheln Fremdkörper einfü**h**rt(,) um die Perlenbildung anzuregen. Die Muscheln werden danach in gro**ß**en Dra**h**tkörben w**ie**der für etwa zwei Jahre in das Wa**ss**er gebracht. Die meisten Perlen sind heute Zuchtperlen, weil die natürlichen Muschelb**ä**nke durch überm**äß**ige Ausbeutung erschöpft sind und der Ertrag an Zuchtperlen grö**ß**er ist.

oh, öh, ee, ll

7. Schulstufe
Leistungsstufe 2

55 Wie entstand das Erdgas?

Vorübung:

Die **V**ermutung, **v**ermuten, **v**ermutlich; das Gas, das Erdgas, Gasblasen; das Erd**ö**l, die Erd**ö**lförderung; die Mi**ll**ion, Jahrmi**ll**ionen, der Mi**ll**ion**ä**r, das Mi**ll**ion**stel**; das Jahrze**h**nt; das M**ee**r, M**ee**res-Plan**k**ton (im Meerwasser schwebende kleine Lebewesen); der Kal**k**, kal**k**en, kal**k**h**ä**ltig; Wasserlebewesen, Schla**mm**schichten, Erdgeschichte, Übe**rr**est; **dar**über, **dar**unter; nach dem **A**bsterben, das **A**bsterben, das **S**terben; se**tz**en, se**tzt**e, er hat die Pflan**z**e gese**tzt**; das Gese**tz**; b**oh**ren, b**oh**rte, die B**oh**rung, der B**oh**rturm; Öste**rr**eich, öste**rr**eichisch.

Ansage:

Vermutlich entstan**d** das Gas in der Erde **v**or **v**ielen Mi**ll**ionen **Jah**ren in den **ur**geschichtlichen M**ee**ren, die damals auch große Teile des heutigen Festlandes bede**ck**ten. Die winzigen Wa**ss**erlebewesen des M**ee**res-Plan**k**ton sanken nach dem **A**bsterben auf den M**ee**resboden und bildeten dort di**ck**e Schla**mm**schichten. Schichten aus Kalk und Sand se**tzt**en sich im Laufe der **Jah**rmi**ll**ionen der Erdgeschichte darüber ab. Unter **ih**rer Last wandelten sich die organischen Übe**rr**este in Erd**öl** oder auch in Erdgas um. In H**öh**len der Erdrinde sa**mm**elte sich das **Öl** oder das Gas. Werden nun solche Gasblasen angeb**oh**rt, kann das Erdgas entweichen.
In Öste**rr**eich wird Erdgas seit Jahrz**eh**nten in groß**em** Umfang aus dem Boden gewo**nn**en und in Industrie und Haushalt wirtschaftlich genützt.

56 Das Zimmer meiner Tante

Vorübung:

Das zurü**ck**haltende **W**esen, die **Z**urückhaltung, zurü**ckk**ehren; gedä**m**pfte Ger**äu**sche, d**ä**mpfen, Dampf; das Stück, die Möbelstücke, Stückwerk; die **K**ostbarkeit, kostbar, köstlich; schlichte Bekundung irdischer **B**elanglosi**gk**eit; be**k**unden, er**k**unden; belanglos, nicht von **B**elang, das Kruzi**f**i**x**, der **G**ekreuzigte; ein edles **S**chni**tz**werk, schnitzen, **S**chnitzerei.

Ansage:

Es war dort so anders still als sonst in Zimmern, fast so, als ob sich das **zurück**halten**d**e Wesen seiner Besi**tz**erin in alle Gegenst**ä**nde des Raumes hineingeschw**ie**gen und die von der Stra**ß**e empordringen**d**en Ger**äu**sche abgew**ie**sen oder ged**ä**mpft habe. Alles in diese**m** Zimmer war so angen**eh**m **v**erhalten. Man wurde durch nichts angestrengt oder auch nur flüchtig gefe**ss**elt. Kein Bild, kein Möbelstück erhob irgendeinen Anspruch auf **S**chönheit oder **K**ostbarkeit. Jedes sch**ie**n nichts weiter sein zu wollen als die schlichte **B**ekundung irdischer **N**otwendi**gk**eit und **B**elanglosi**gk**eit. Die einzige Ausnahme **hievon** bildete das über dem Be**tt** meiner Tante h**ä**ngende Kru**z**ifi**x**. Es war die**s** ein altes, edles Schni**tz**werk aus sp**ä**tgotischer deutscher Schule, gro**ß** und ausdrucksm**ä**chtig.

(Gertrud von Le Fort)

57 Wasser in Gefahr!

Vorübung:

Das Wasser, die Gewässer, die Abwässer, bewässern, die Bewässerung, Brunnen- und Quellwasser; der Fluss, die Flüsse, fließen, fließend, es fließt; der See, die Seen; die Kosten, es kostet viel; klar, klären, geklärt, die Kläranlage; die Industrie, der Industriebetrieb; groß, größer, am größten; lassen, verlassen, belassen, er lässt, sie verlässt ihn; pressen, erpressen, anpressen, gepresst; unterstützen, er unterstützt, die Unterstützung; zersetzen, die Zersetzung; schmutzig, der Schmutz, verschmutzen; die Mikrobe (kleinste Tierchen), das Mikroskop; Chemie, Chemikalien, chemisch; das Filter, filtern; der Kies- oder Sandstrand, die Kies- oder Sandschichten; schädlich, am schädlichsten, das Schädliche, das Schädlichste, vom Schädlichsten befreien; die Methode (das Verfahren), methodisch.

Ansage:

Wasser in Gefahr! Was kann man tun? Die Abwässer müssen gereinigt werden, bevor sie in die Flüsse fließen. Das bereitet manchem Industriebetrieb hohe Kosten und den Stadtvätern Sorgen. Keine Stadt kommt heute ohne Kläranlagen aus. In großen Becken lässt man den gröbsten Schmutz zu Boden sinken. Man presst Luft mit Druck durch das Wasser, weil viel Sauerstoff die natürlichen Reinigungskräfte des Wassers unterstützt. Man lässt Mikroben die eingeschwemmten Chemikalien zersetzen, filtert die Abwässer durch Kies- oder Sandschichten. Erst dann wir das wenigstens vom Schädlichsten befreite Wasser ins Flussbett geleitet. Die Methoden der Wasseraufbereitung sind heute schon so verfeinert, dass geklärtes Abwasser manchmal sogar besser ist als Brunnen- oder Quellwasser.
Würden unsere Abwässer nicht gereinigt, wären unsere Flüsse und Seen bald nur noch faulige, stinkige, giftige Gewässer, tot und lebensfeindlich.

58 Gefrorenes Wasser

Vorübung:

Die weißen Flocken, der Schn**ee**, die Schn**ee**massen, der Schn**ee**-ba**ll**, die Schn**ee**decke, die Schn**ee**krista**ll**e; schme**lz**en, zerschmel-**z**en, er zerschmil**zt**; überziehen, sie überz**ieh**t, der Überzug; der R**ie**se, die Bergr**ie**sen, das R**ie**sengebirge; der Kiliman**dsch**aro (der höchste Berg von Afrika); das **V**orja**h**r, der **V**orplatz, die **V**or-fü**h**rung, der **V**ortrag; die da**r**überliegenden Schn**ee**massen; der zusa**mm**enge**p**re**ss**te Schn**ee** (Firn), **p**re**ss**en, aus**p**re**ss**en, die **P**re**ss**e.

Ansage:

„Es schneit, es schneit!“, rufen fro**h** die Kinder, wenn es in dichten wei**ß**en Flo**ck**en vom Hi**mm**el he**r**unterwirbelt. „Wird der Schn**ee** wo**hl** l**ie**gen bleiben?“, fragen sie **ä**ngstlich, de**nn** wie oft zerschmil**zt** der Schn**ee** schon w**ie**der zu Wa**ss**er, noch bevor er das Land mit einer dauerhaften wei**ß**en Decke überz**ieh**en ka**nn**. Je höher wir jedoch im Gebirge hinaufkle**tt**ern, umso eher bleibt der Schn**ee** l**ie**gen. Dort oben, in einigen **t**ausend Metern Höhe, ist die Luft k**ä**lter(,) und so ko**mm**t es, da**ss** selbst im hei**ß**en Afrika die höchsten Bergr**ie**sen, wie der Kiliman**d**scharo, einen Hut aus ewige**m** Schn**ee** und Eis tragen. Auch in Europa, etwa im Gebiet der Alpen, l**ie**gt auf den Ber**gg**ipfeln der Schnee das ganze Ja**h**r über. Selbst in den So**mm**ermonaten hat die So**nn**e nicht genügend Kraft(,) ihn aufzutauen. So f**ä**llt in den Bergen i**mm**er neuer Schn**ee** auf den **a**lten herab(,) und die Schn**ee**-decke wird i**mm**er höher. Der alte Schn**ee** vom **V**orja**h**r wird durch die da**r**über liegenden Schn**ee**massen zusa**mm**enge**p**re**ss**t, die **e**inzelnen Schn**ee**krista**ll**e zerbrechen, sch**ie**ben sich ineinander – und aus dem Schnee wird Eis.

Da**ss**elbe se**h**t i**h**r, we**nn** i**h**r etwa einen Schn**ee**ba**ll** lange und fest in der Hand zusa**mm**enba**ll**t. Nur unter einem Mi**k**rosko**p** ka**nn** man nun noch erke**nn**en, da**ss** auch d**ie**ses Eis oder der „Firn“, wie man den zusa**mm**engepre**ss**ten Schn**ee** nennt, noch aus einzelnen Krista**ll**en besteht.

gg, ee, Tod

7. Schulstufe
Leistungsstufe 2

59 Die Seide kommt aus China

Vorübung:

China, die Chinesen, das chinesische Porzellan; das Porzellangeschirr, Porzellanerde; Lackarbeiten, lackieren; der Stil, der Baustil, das Stilgefühl, stilistisch, stilisieren; und – wenn auch ungewollt – den Seidenfaden des Maulbeerspinners, der Maulbeerbaum; das Insekt, die Insekten; geheimnisvolles Dunkel; der Kokon (gesponnene Hülle der Insektenpuppen), die Kokons; die chinesische Kaiserin Si-Ling-Chi; mit dem Tode bedrohen, der Tod, todbringend, tödlich; 2600 Jahre vor Christus (v. Chr.); Konstantinopel (früher Byzanz, heute Istanbul, eine Stadt in der europäischen Türkei); schmuggeln, er schmuggelt, der Schmuggler.

Ansage:

Viel hat uns das alte China geschenkt: feinstes Porzellan, eine herrliche Lackkunst, erhöhtes Stilgefühl für Wohn- und Gartenkultur, den Farbholzschnitt, Anregungen zur Buchdruckerkunst, den Goldfisch und – wenn auch ungewollt – den Seidenfaden des Maulbeerspinners und damit zugleich das zweite „Haustier“ aus dem großen Insektenreich. Noch heute ist in ein geheimnisvolles Dunkel gehüllt, wer eigentlich zuerst auf den Gedanken kam, den Seidenfaden vom Kokon dieses Schmetterlings zu wickeln. Uns ist nur überliefert, dass die chinesische Kaiserin Si-Ling-Chi bereits im Jahre 2600 v. Chr. ein Gesetz erließ, das jedermann mit dem Tode bedrohte, der es wagte(,) den Maulbeerspinner oder seine Puppen, Raupen und Eier an andere Völker weiterzugeben. Es sind also schon über 4500 Jahre seit dem Tage vergangen, da die Chinesen lernten(,) diesen natürlichen Seidenfaden zu gewinnen, zu färben und zu verweben. Und schon damals war das Verlangen anderer Völker nach den kostbaren und federleichten Gewändern so stark, dass ein Gesetz notwendig wurde(,) um China den wichtigen Seidenhandel zu sichern. Wie die Fabel erzählt, soll es erst im Jahre 555 n. Chr. zwei persischen Mönchen gelungen sein(,) Eier des Maulbeerspinners nach Konstantinopel zu schmuggeln.

60 Schönheit fängt mit 13 an

Vorübung:

Der Erwachsene; die **F**igur, das **F**igurensp**ie**l, **f**igural; das H**aa**r, die H**aa**re, die H**aa**r- und Hautpflege, das H**ä**rchen; w**äh**rend der Schulzeit, w**äh**rend des **S**chlafens, w**äh**rend des **E**ssens; ern**äh**ren, er ern**äh**rt sich, die Ern**äh**rung, die N**ah**rung; das **Baby**, die **Baby**haut; ein**k**remen, die **K**reme, die Haut**k**reme; waschen, ich wasche, du w**ä**scht dich (du wäsch**st** dich); la**ss**en, ich la**ss**e, du lä**ss**t, er verlä**ss**t das Haus; tragen, du tr**ä**gst, er trä**g**t, vertragen; n**ä**mlich (von „Name"!); pa**ss**ieren (geschehen); die Temp**e**ratur, Temp**e**raturwechsel; die Tomate (der Paradeiser), Tomatenso**ß**e.

Ansage:

Ob ein M**ä**dchen einmal als Erwachsene eine gute Figur oder gl**ä**nzen**d**es, gesundes H**aa**r haben wird, da**s** en**t**scheidet sich oft schon w**äh**rend der Schulzeit. Im Alter zwischen 12 und 16 **J**a**h**ren werden die ersten „Schönheit**ss**ünden" begangen: in der Ern**äh**rung, bei der H**aa**r- und bei der Hautpflege. Ist es nicht merkwürdig: W**äh**rend das **Baby** von der Mutter sch**ier** unen**t**wegt gebadet, einge**k**remt, ge**p**udert und vor jedem rauhen Luftzug behütet wird, kü**mm**ert sich manche Mutter bei der heranwachsenden Tochter l**ä**ngst nicht so sehr um deren Schönheits- und Körperpflege. Natürlich, sie achtet schon darauf, da**ss** da**s** Schulkind regelm**äß**ig badet und sich sauber w**ä**scht, da**ss** es orden**t**lich fris**ie**rt und mit gepu**tzt**en Zähnen (hoffentlich!) das Haus verl**äss**t. Aber genügt das? Auch junge Haut braucht Pflege. Wird die junge Haut n**ä**mlich ungeschützt tro**ck**ener Heizungsluft und dem Schmu**tz** und der **v**erunreinigten Luft unserer Großst**ädt**e ausgesetzt, tr**ä**gt sie Sch**ä**den davon, aus denen einmal Schönheitsfehler werden können. Der Umgang mit der **K**remedose sollte schon für ein Schulm**ä**dchen eine Selbstverst**ä**ndlichkeit sein. Bei Wind und Wetter braucht unsere Haut einen Fe**tt**schu**tz**. Sonst kann es pa**ss**ieren, da**ss** das junge M**ä**dchen statt der frischen, ro**s**igen Wangen ein Gesicht bekommt, da**s** bei jede**m** Temperaturwechsel die Farbe einer Tomate a**nn**immt.

61 In Ostafrika werden Elefanten gefangen

Vorübung:

Der Ele**f**ant, die Ele**f**antenherde; die **K**leinen, die **G**roßen, die **A**lten, die **J**ungen, die **E**rwachsenen, die **S**chwarzen; sich zur **W**ehr setzen, sich we**h**ren, das Gewe**h**r; ra**mm**en, ra**mm**te, gera**mm**t; schu**bs**en, schu**bs**te, geschu**bst**, ein Schu**bs**er.

Ansage:

In Ostafrika werden Ele**f**anten gefangen, indem man die Herde mit eine**m** Lastwagen umkrei**s**t. Die **K**leinen kö**nn**en nicht so schne**ll** wie die **E**rwachsenen fl**ieh**en. Aber die Mü**tt**er se**tz**en sich oft energisch zur W**ehr**. Der F**ah**rer mu**ss** aufpa**ss**en, da**ss** der Wagen nicht von i**h**nen gera**mm**t wird. Vor de**m** **G**eschrei der **S**chwar**z**en z**ieh**t sich die Herde zurü**ck**. We**nn** da**nn** der Wagen an die stehen gebl**ie**benen **J**ungen heranf**äh**rt, dr**ä**ngen sie sich an d**ie**sen, als w**ä**re er ein alter Ele**f**ant. Nun werden sie gefe**ss**elt und in Kisten geschoben. Am Sa**mm**elort **t**rinken sie schon am ersten Tag und fre**ss**en Gra**s**. Sie schu**bs**en sich dabei gegenseitig vom Fu**tt**er weg. **Ih**ren Pfleger suchen sie **a**nfangs umzuwerfen, aber sie fügen sich bal**d**.

(Aus „Mein Zoobuch“ von Richard Gerlach)

62 Die Kuschelecke

Vorübung:

Die Kuschelecke, sich in die Ecke kuscheln, sich zusammenkuscheln; der Urmensch, die Urzeit, uralt, der Urwald; die Strapazen (Anstrengungen), strapaziös. strapazieren; die Jagd, das Jagdgewehr, er jagt das Wild, jagte, hat gejagt; der Kontakt (Berührung, Verbindung), kontaktarm, kontaktfreudig; die Abgeschlossenheit, abgeschlossen, sich abschließen; die Seele, seelisch, beseelt; das Verhältnis, die Verhältnisse, das Geheimnis, die Geheimnisse.

Ansage:

Die gemütliche Ecke der Wohnung ist die letzte Erinnerung an die warme Höhle des Urmenschen, die Schutz vor schlechtem Wetter und vor wilden Tieren bot und in der man sich von den Strapazen der Jagd erholen konnte. Genau dasselbe soll in unserer Zeit die gemütliche Ecke dem modernen Menschen bieten. Jeder Mensch trägt in sich zwei gegensätzliche Neigungen, die sein Verhältnis zur Umwelt bestimmen: Jeder normale Mensch wendet sich abwechselnd nach außen und nach innen. Gewisse Neigungen treiben den Menschen hinaus, er braucht den Kontakt mit den Mitmenschen, mit der Natur, mit dem Leben. Als Gegengewicht braucht er aber auch die Wendung nach innen, die Abgeschlossenheit vor der Umwelt. Er braucht die stillen Stunden, die Versenkung in Bücher, den Blick in die eigene Seele und das vertraute Gespräch im Kreis der Freunde. Alle Gemütswerte hängen mit dieser Wendung nach innen zusammen.

(Aus „Von Tag zu Tag“ von Schittenhelm)

Tod, tot

8. Schulstufe
Leistungsstufe 1

63 Indische Religionen

Vorübung:

Der Hinduismus (Religion der Hindus); der Tod, nach dem Tode, todkrank, todmüde, tödlich verunglücken, Todesangst; tot, töten, getötet, der Tote, das Totenbett, totschießen; der Grad der Vollkommenheit; die Kaste der Brahmanen (Priester); die Parias oder die „Unberührbaren“; der Islam, die Muslims, die Mohammedaner.

Ansage:

Der Hinduismus ist kein Glaubensbekenntnis wie das Christentum. Jeder Hindu verehrt die Götter auf seine eigene Weise. Weil die Werke des Menschen nach dem Tode vergolten werden, lebt seine Seele später in einem Tier oder in einem anderen Menschen weiter, je nach dem Grad der Vollkommenheit, die er auf Erden erreicht hat. Daher dürfen die Hindus kein Tier töten. Jeder Hindu wird in einen bestimmten Stand hineingeboren, die Kaste. Man erkennt sie an äußeren Zeichen. Die Kasten hielten sich bis vor einigen Jahren streng voneinander getrennt. Weil aber die Abspaltung in einem modernen Staat unmöglich ist, werden sie allmählich abgeschafft. Die oberste Kaste war die der Brahmanen, der Priester. Es folgten die Kasten der Krieger, der Kaufleute, der Handwerker und der Bauern. Die Kastenlosen, die „Parias“ oder „Unberührbaren“, waren von allen Ämtern und Berufen ausgeschlossen und mussten die niedrigsten Arbeiten verrichten.
Die zweite Volksreligion in Indien ist der Islam, dessen Gläubige, die Muslims oder Mohammedaner, in Gemeinschaften fest zusammenhalten.

(Aus „Asien und Afrika“, Verlag Herder)

64 Aus dem Eis geholt

Vorübung:

Der Zeller See, Zell am Moos; das Moped, der Mopedfahrer; einen Halt finden; die Baumschere, scheren; der Unglückliche, der Verunglückte, kältestarr, wassertriefend; samt, insgesamt, die Gesamtheit.

Ansage:

Der Briefträger Josef H. wollte den Weg um den zugefrorenen Zeller See in Oberösterreich abkürzen(,) und so fuhr er auf seinem Moped quer über den See. Aber das Eis war entweder doch nicht stark genug(,) oder es war gerade an dieser Stelle eine wärmere Quelle, jedenfalls etwa dreihundert Meter vom Ufer in Zell am Moos entfernt geschah das Unglück. Klirrend und splitternd brach die Eisdecke(,) und der Briefträger stürzte samt dem Fahrzeug in den See, in das eiskalte Wasser. Das Moped versank schnell; der See ist an dieser Stelle etwa zehn Meter tief. Nur mit Mühe gelang es dem Briefträger(,) am Rande der Einbruchstelle einen Halt zu finden. Er rief verzweifelt um Hilfe. Die Finger, mit denen er sich an der Eisdecke festhielt, wurden ihm kältestarr. Lang konnte er es kaum ertragen. Die schweren Stiefel und die Winterkleidung, immer mehr mit Wasser vollgesogen, zogen wie Blei in die Tiefe.
In Zell war Johann Hasleitner eben in der Uferallee damit beschäftigt(,) die Bäume zu stutzen; seine Baumschere war an einer fünf Meter langen Stange befestigt. Johann Hasleitner hatte die Hilferufe gehört, den Unglücklichen im Wasser entdeckt(,) und schon lief er eilig hin, selbstverständlich mit der langen Stange. „Halt dich fest!“, schrie er dem Briefträger zu. Die letzten Meter kroch er auf dem Bauch dem Loch im Eise zu und schob die Stange vor sich hin. Mit letzter Kraft klammerte der Briefträger sich daran fest. Und so gelang es dem Retter(,) den wassertriefenden Mann auf das feste Eis und ans Ufer zu bringen. Es war wohl Rettung im letzten Augenblick.

(Aus der Zeitschrift „Mappe der Menschlichkeit“)

65 Das einfache Leben

Vorübung:

Das V**ieh**, der V**ieh**stall, das Rindv**ieh**; das W**oh**lleben, w**oh**l leben; die **B**ehaglichkeit, behaglich, behagen; die Sta**ll**schwe**ll**e, die Schwe**ll**e des Sta**ll**es, anschwe**ll**en, die Schwe**ll**ung; die Rotlaufs**eu**che, S**eu**chengef**ah**r; tö**t**en, getö**t**et, to**t**, to**t**schie**ß**en; Armut und Überflu**ss**.

Ansage:

Man wird mir ruhig glauben, da**ss** wir in unserer Kinderzeit nicht in Versuchung gef**üh**rt wurden(,) in W**oh**lleben und Behaglichkeit zu ersti**ck**en. Wir ha**tt**en aus Haus und Hof, aus A**ck**er und Wald und **See** unser gesundes und ausreichendes t**ä**gliches Brot, aber darüber hinaus konnte kein Wunsch sich schwingen(,) und selbst d**ie**ses w**a**r dem Unglü**ck** zuweilen ausgese**tzt**, wenn Mi**ss**ernten und S**eu**chen auch über unsere kleine Welt hinwe**gg**ingen. Ich eri**nn**ere mich noch gut des Bildes meiner Mutter, die weinen**d** auf der Sta**ll**schwe**ll**e sa**ß**, nachdem eine Rotlaufs**eu**che in zwei So**mm**ertagen a**ll**e unsere zwölf Schweine getö**t**et ha**tt**e.
Aber wir f**üh**lten die **A**rmut nicht, da wir ja den **R**eichtum nicht kannten, sondern v**ie**lm**eh**r in den kü**mm**erlichen Hü**tt**en der Wal**d**arbeiter einen Mangel sahen, an dem geme**ss**en wir im Überflu**ss** lebten.

(Ernst Wiechert)

Klammer, eh, ck
Doppelpunkt

8. Schulstufe
Leistungsstufe 1

66 Auf die Verkehrsgesinnung kommt es an

Vorübung:

Der Verk**ehr**, der Verk**eh**rsteilnehmer, die Verk**eh**rsgesi**nn**ung, die Verk**eh**rsunfa**ll**statisti**k**; die Statisti**k**, statistisch, der Statisti**k**er, menschliches **V**ersagen, das **V**ersagen, **v**ersagen, er hat **v**ersagt; das **K**rimine**ll**e, ans **K**rimine**ll**e grenzen; die Stra**ß**enverk**eh**rsordnung, das Stra**ß**enverk**eh**rsgese**tz**; die Kenntni**s**, die Kenntni**ss**e.

Ansage:

Es gibt versch**ie**dene Ursachen, wieso i**mm**er w**ie**der **V**erk**eh**rsteil-n**eh**mer aus der Reihe tan**z**en: menschliches **V**ersagen (das freilich nicht immer en**t**schul**d**bar ist), mangelnde Ke**nn**tnis der **V**orschriften und Besti**mm**ungen (was nie en**t**schul**d**bar ist) und schlechte **V**er-k**eh**rsgesi**nn**ung (was beinahe ans Kri**m**ine**ll**e **g**ren**z**en kann). Ein Bli**ck** auf die erschre**ck**en**d**en Za**h**len der Verk**eh**rsstatisti**k** zeigt uns, mit welch gro**ß**en Gef**ah**ren alle Gru**pp**en von Ver**eh**rsteiln**eh**mern rechnen mü**ss**en. Umso notwendiger ist es, nicht nur die Besti**mm**un-gen der Stra**ß**enverk**eh**rsordnung genau zu kennen, sondern darüber hinaus eine beisp**ie**lge**b**en**d**e **V**erk**eh**rsgesi**nn**ung an den Tag zu legen. Das gute Beisp**ie**l, das freun**d**liche Han**d**zeichen und **äh**nliche Beweise des guten **W**illens en**t**falten eine starke **W**irksamkeit. Leider **triff**t das auch für das schlechte Beisp**ie**l zu. Deshalb ist es ja so ungemein sch**ä**dlich. Wer das einmal erka**nn**t hat, wird es gewi**ss** ste**ts** zu **v**ermeiden **t**rachten.

(Aus „Lebenskunde“)

67 Zwischen Vogesen und Schwarzwald

Vorübung:

Die **S**chweizer Stadt, die **S**chweizer Käse, die **S**chweizer Uhren; das **f**ranzösische Elsa**ss**, die **e**lsä**ss**ischen **V**ogesen (ein Gebirgszug); der Hausg**ie**bel, die geschmückten G**ie**bel, das G**ie**belfenster; der Kam**i**n, die Kam**i**ne, das Kam**i**ntürchen, der offene Kam**i**n; der K**ai**ser, der K**ai**serst**uh**l (Bergname) bei Neubreisach.

Ansage:

Nach der **S**chweizer Sta**dt** Basel tritt der **Rh**ein zwischen dem Elsa**ss** und dem Land Baden in eine breite Ebene ein. Auf seinen beiden Ufern, hinter schmalen, sumpfigen Landstrichen, sind ü**pp**ige Felder mit Ge**t**rei**d**e und Gemüse bepflan**z**t. W**oh**l gepflegte Obstg**ä**rten wechseln mit schönen und sauberen Dörfern, deren m**ä**chtige Hausg**ie**bel zur Stra**ß**enseite zeigen. Die bunt bemalten Taubenschl**ä**ge, die blumengeschm**ü**ck**ten Fenster und die Störche, die im Sommer auf den Kam**i**nen nisten, geben diesen Ortschaften ein besonders freun**d**liches Au**ss**ehen. Die n**ie**drigen Hänge der elsä**ss**ischen **V**ogesen sind mit R**e**bstöcken bepflan**z**t. Und auch im Lande Baden finden wir an der Südseite des K**ai**erst**uh**ls bei Neubreisach ber**üh**mte Weinberge.

68 Ibero-Amerika

Vorübung:

Der St**aa**t Por**t**ugal, die Por**t**ug**ie**sen; Ibero- oder Lateinamerika (jene Staaten Amerikas, in denen Spanisch oder Portugiesisch gesprochen wird, Gegensatz von Anglo-Amerika); der St**aa**t, die St**aa**ten, st**aa**tlich; die Me**x**ikaner, Me**x**iko; Industr**ie**anlagen, Ro**h**-sto**ff**e; die mi**tt**elamerikanische Lan**d**brücke; die **W**estindischen Inseln; Planta**g**en, Ka**ffee**, Ka**ffee**planta**g**en; der Pa**n**amakanal; Schi**fff**ahrtsstraßen, die Schi**fff**ahrt.

Ansage:

Spanier und Portug**ie**sen pr**ä**gen Teile der Kulturlandschaft Ibero-Amerikas. Fa**s**t a**ll**e St**aa**ten sind selbständig. In i**h**nen leben so z**ah**lreiche Mischlinge wie nirgends sonst auf der Erde. Die Me**x**ikaner auf **ih**rem gesunden Hochland besi**nn**en sich heute auf **ih**re alten hohen Kulturen und bauen einen neuen St**aa**t nach ihrer Eigenart auf. Weil Industr**ie**anlagen noch fehlen, bel**ie**fern sie den Weltmarkt mit R**oh**-sto**ff**en aus der Landwirtschaft und aus **ih**ren Bergwerken. Die Zwergst**aa**ten auf der mi**tt**elamerikanischen Landbrücke und auf den **W**estindischen Inseln erzeugen auf Planta**g**en **t**ro**p**ische Anbaufrüchte, besonders Bananen, Zucker und Ka**ffee**. Der Pa**n**amakanal ist eine der **w**ichtigsten Schi**fff**ahrtsstraßen der Erde und gehört den USA.

(Aus „Amerika, Australien“, Verlag Herder)

69 Wie hören wir eigentlich?

Vorübung:

Der Gong, die Töne des Gongs; der Klöppel; elastische Schwingungen; der „Träger“ Luft; Luftmoleküle, das Molekül; der Reiz, reizen, gereizt, die Reizung; „physikalische Meldeeinrichtungen“, die Physik, physikalisch; der Rhythmus, rhythmisch, Tanzrhythmus; die Membrane (gespanntes Häutchen), die Membranen, die Ohrtrompete, die Eustachische Röhre (Verbindungsgang zwischen Ohr und Rachenhöhle); die Explosion, explodieren; das Platzen, vor dem Platzen schützen.

Ansage:

Du hörst den Ton eines Gongs. Wie kommt das? Ein Klöppel schlägt ans Blech, dieses gerät in elastische Schwingungen(,) und es entstehen Schallwellen. Sie pflanzen sich über den „Träger“ Luft fort. Die sich bewegenden Luftmoleküle bringen den Schall auch in deinen Gehörgang. Dieser Reiz wird durch „physikalische Meldeeinrichtungen“ im Ohr dem Gehirn zugeleitet. Dazu gehört bereits die Ohrmuschel. Sie ähnelt einem Trichter und fängt die Schallwellen auf. Schallwellen sind rhythmische Luftstöße. Die Schwingungen durchwandern den äußeren Gehörgang und stoßen an dessen Ende an ein dünnes Häutchen, das Trommelfell. Diese Membrane trennt das äußere Ohr vom Mittelohr, von der Paukenhöhle. Sie steht durch die Ohrtrompete, die Eustachische Röhre, auch mit der Rachenhöhle in Verbindung. So können die Schallwellen auf dem Wege über die Ohrtrompete ebenfalls an das Trommelfell gelangen. Wenn also bei Explosionen der Mund weit geöffnet wird, dringt der Schall gleichzeitig von beiden Seiten gegen das Trommelfell und schützt es so vor dem Platzen.

70 Wer bestimmt den Preis?

Vorübung:

Die Herstellungskosten (Produktionskosten); der Transport (die Beförderung), transportieren, die Transportkosten; die Sozialausgaben, sozial; das Service (die Dienstleistung); die Investition (langfristige Kapitalanlage), investieren; kalkulieren, die Kalkulation (Berechnung der Kosten); die Konkurrenz, konkurrieren (in Wettbewerb treten).

Ansage:

Müssen Sie in ein bestimmtes Geschäft gehen? Kein Gesetz zwingt Sie dazu, wo Sie kaufen. Sicher in jenen Geschäften, in denen Sie am besten und billigsten bedient werden. Das gilt auch für Ihren Kaufmann. Auch er geht dorthin, wo er für seine Kunden preiswert die besten Waren bekommt. Was bestimmt nun den Preis der Ware? Zunächst zweifellos die Herstellungskosten, dann der Transport und die Lagerung. All das kostet Geld: Gehälter, Sozialabgaben, Miete, Strom, Service, Erneuerung der Einrichtungen und Anlagen auf den jeweils modernsten Stand, also Investitionen(,) und schließlich Steuern und Abgaben aller Art. Dazu kommen die Löhne für die Arbeiter, die Verkäufer. All diese Kosten müssen natürlich in den Preis einbezogen werden. Und selbstverständlich wirkt sich auch das Bemühen der Konkurrenz, die Kundschaft an sich zu ziehen, auf den Preis der Waren aus. Er wird heute also nach Maßgabe der Kosten und des Wettbewerbs kalkuliert.

Fremdwörter aus der Technik
-tion, th, ee

8. Schulstufe
Leistungsstufe 2

71 Erdgas aus dem Meer

Vorübung:

Das Meer, aus dem Meer, Meerestiefe; die See (Meer), seetüchtig, Seefahrt; Erdgas, vergasen, das Gaswerk; bohren, der Bohrturm, die Bohrinseln, die Bohrschiffe; das Schelfmeer (Flachmeer entlang der Küste); der Kontinent (Erdteil), die Kontinente; die Billion (= 1000 Milliarden), Billionen; rationell (zweckmäßig, sparsam), rationalisieren (die Arbeit zweckmäßig, vernünftig einteilen), die Ration (Anteil, Menge, zugeteiltes Maß); die Generation (die einzelnen Glieder der Geschlechtsfolge, alle gleichzeitig lebenden Menschen), generell (allgemein); die Geologie (Lehre von der Entstehung der Erde), der Geologe, geologisch, der Geometer (Landvermesser); die Methode (das Verfahren), die Fördermethoden, methodisch; die Technik, der Techniker; ein Kubikmeter.

Ansage:

Erst vor wenigen Jahren hat man damit begonnen, auch unter dem Meer planmäßig nach Erdgas zu bohren. Geologen sind der Meinung, dass die Schelfgebiete, die sich vor den Küsten der Kontinente bis zur Meerestiefe von 200–300 m erstrecken, viele Billionen Kubikmeter Erdgas beherbergen. An über 200 Bohrstellen wird heute in den Meeren vor den Küsten West- und Nordeuropas nach Erdgas gebohrt. Immer bessere und größere Bohrinseln und Bohrschiffe werden gebaut und immer sicherere und rationellere Fördermethoden entwickelt. Um diese Arbeiten erfolgreich fortsetzen zu können(,) muss eine neue Generation von Technikern lernen(,) mit der feindlichen See zu leben.

72 Arbeiter

Vorübung:

Die Grundsto**ff**industr**ie**, industr**iell**, der Industr**ie**betr**ie**b; die Fabri**k**, das Fabri**k**gebäude, fabri**z**ieren; v**err**ichten, die **V**e**rr**ichtung; kontro**ll**ieren, die Kontro**ll**e, Arbeitskontro**ll**e, der Kontro**ll**or; das Fl**ieß**band, fl**ieß**en; die Automa**tion**, automatisch, die Automati**k**; die Berufsausbildung; Stunden-, Tages- oder Wochenl**oh**n; der A**kk**ord (hier: Stücklohn), A**kk**ordarbeiter, A**kk**ordlohn.

Ansage:

Facharbeiter und angelernte Arbeiter sind in z**ah**lreichen Industr**ie**zweigen t**ä**tig. Sie veredeln die R**oh**sto**ff**e der Grundsto**ff**industr**ie**. Die modernen Fabrikgebäude sind heute **v**iel sauberer und he**ll**er als fr**üh**er. Die Arbeiter sollen sich in **ih**nen w**oh**l f**üh**len. Diese ve**rr**ichten **ih**re Handgri**ff**e an Masch**i**nen oder brauchen nur deren Arbeitsgang kontro**ll**ieren. Auf dem Fl**ieß**band werden die Einzelteile zusa**mm**engebaut. In gro**ß**en Werken wurde die Automa**tion** schon eingef**üh**rt. Facharbeiter haben, **äh**nlich wie Handwerker, eine gute Fachausbildung durchlaufen. Angelernte Arbeiter dagegen brauchen keine Berufsausbildung. In immer gleichen Handgri**ff**en stellen sie Arbei**ts**stü**ck**e her. Manche arbeiten gegen festen Stunden-, Tages- oder Wochenl**oh**n. **V**iele aber werden nach der **Zah**l der fertigen Stücke entl**oh**nt. Sie arbeiten im A**kk**ord.

(Aus „Natur und Geschichte“, Band 4, Verlag Herder)

Fremdwörter aus dem Modewesen — 8. Schulstufe
Wörter mit ie — Leistungsstufe 2

73 Immer hübsch angezogen

Vorübung:

Die Party (geselliges Beisammensein in einer Wohnung), die Partys; **chic** = schick (hübsch, modisch, gefällig), der **Chic** (gefälliges Aussehen), bei allem **Chic**; die Industrie, industriell, Textilien, Textilindustrie; Teenager (Jugendliche zwischen 13 und 19 Jahren), Greenager (hier: grüne, d. h. lebensunerfahrene Jugendliche im Alter von 12, 13 Jahren); die Konfektion (Herstellung von Fertigkleidung); die Mode (Zeitgeschmack), modisch; sich strapazieren (beanspruchen, abnutzen), die Strapaze (Anstrengung), strapazierfähig (nicht leicht abgenutzt, haltbar); Chemie, chemisch, Chemiefaser-Stoffe (Stoffe aus künstlich erzeugten Fasern); schlaksig (ungelenk, steif); viel Hübsches, viel Schönes.

Ansage:

Keine Frage – Mädchen in eurem Alter möchten gern jederzeit **chic** angezogen sein, ganz gleich ob in der Schule, auf der Straße oder daheim, beim Spiel oder bei der Geburtstagsparty, im Alltag oder am Sonntag. Die Textilindustrie hat euch in dieser Hinsicht bisher stiefmütterlich behandelt. Sie erfand das Wort vom „Greenager“, weil ihr in ihren Augen doch nur „grüne“ Teenager seid, schlaksig und ohne rechte Figur, für die sich nicht viel Hübsches entwerfen ließe. Viele mussten sich meist damit begnügen(,) sich in unvorteilhafte kleine Damen- oder große Kindergrößen zu zwängen. Doch das soll jetzt vorbei sein. Die Konfektion will sich nun auch auf deine Altersgruppe einstellen und deine modischen Wünsche berücksichtigen. Weil du aber mitunter noch tüchtig herumtollen willst, müssen Kleider für dich bei allem **Chic** doch auch genügend Bewegungsfreiheit lassen. Und sie sollen außerdem möglichst strapazierfähig sein. Diese Anforderungen erfüllen die heutigen Chemiefaser-Stoffe am besten.

(Aus „Von Tag zu Tag“ von Schittenhelm)

74 Das Zwergmäuslein

Vorübung:

Die Brombeerranken, die Himbeere, die Schwarzbeere; es rispelt und krispelt; es fasst zu, fassen, gefasst sein; das Rankengehege; speisen, verspeisen, die Speise; niedlich, lieblich; das Mäuschen, die Mäuse, die Maus; die Keulen (hier: Hinterbeine); abknipsen (abbeißen); knabbern, abknabbern, aufknabbern; die Schnurrbarthaare, die Härchen.

Ansage:

Die langen Halme schwanken hin und her. Es rispelt und krispelt im Gras, raschelt und rappelt unter den Brombeerranken. Ein Zwergmäuslein ist es, ein allerliebstes Kerlchen. Es sitzt da, sieht sich um, macht einen Sprung, fasst eine Fliege, springt mit ihr im Mäulchen wieder in das dornige Rankengehege zurück und macht sich daran(,) sie zu verspeisen. Niedlich sieht das Mäuschen aus, wie es da auf den Keulen sitzt, die Fliege zwischen den weißen Pfötchen hält, ihr mit den scharfen Zähnen Flügel und Beine abknipst und sie hastig aufknabbert. Dann leckt es sich die weißen Lippen, streicht sich die seidenen Schnurrbarthaare zurück und sieht sich mit funkelnden schwarzen Augen nach neuer Beute um.

(Hermann Löns)

z, tz, v, k, Beistriche

8. Schulstufe
Leistungsstufe 2

75 Im Tümpel wird es lebendig

Vorübung:

Die Kröte, die Erdkröte; schmatzen, schmatzend, ein Geschmatze; die Warze, warzig, warzenartig; die Kohleaugen einer Unke, unken; die Kaulquappe; der Blutegel; kreuzen, kreuzte, gekreuzt; die Weidenborke, die Borke (Rinde), der Borkenkäfer; die Larve, larvenartig, die Raublarve einer Libelle; der Tiger, getigert, tigerhaft.

Ansage:

Während die Kröte langsam schmatzend den Wurm fraß und ihr Leib bis in die Warzen der Haut von wiederkehrender Kraft durchrollt wurde, regte sich der Boden des Tümpels an vielen Stellen. Und an vielen Ecken des Uferrandes regte sich das Schilf und der seichte Schlamm. Die schwarzen Kohleaugen einer Unke funkelten schon räuberisch nach den niedrig tanzenden Mücken, ein magerer Bergmolch schleppte sein faltig überspanntes Skelett an Land und schoss plötzlich hinter einer lahm kriechenden Schnecke her, ein großer Grasfrosch wagte die ersten Sprünge auf zitternden Schenkeln(,) und Kaulquappen, Wasserkäfer und Blutegel kreuzten in der braunen Flut hin und her. Plötzlich löste sich vom harten Stengel eines Schilfrohrs, dicht unter der Wasseroberfläche, ein Geschöpf, das wie ein Stück vertrockneter Weidenborke daran geklebt hatte, reckte sich kurz, riss furchtbare fahle Gespensteraugen auf, entrollte grässliche Fangkrallen und ein groß gezacktes Scherengebiss: die Raublarve einer Libelle, die wie ein Tiger in diesem Tümpel wütete.

(Carl Zuckmayer)

s, ss, ä, äh, ee, oo

8. Schulstufe
Leistungsstufe 2

76 In den Tundren Alaskas

Vorübung:

Die Leere, leer, menschenleer; die Tundra (Kältesteppe), die Tundren; die Weiten, die Höhen, die Tiefen; die Bering-See, das Meer, der Schnee; unzählige Mäander (schlangenförmig gewundener Flusslauf), mäandern; zu Mittag, mittags, heute Mittag; morgen, morgens, morgen früh, heute Morgen, der Morgen, am Morgen; der Morast, morastig; das Moor; das Motorboot, das Schnellboot; ein Vorwärtskommen, das Vorwärtskommen, schnell vorwärts kommen; dennoch, denn, noch.

Ansage:

Nirgends ist es so menschenleer und einsam im entlegenen Alaska wie in den Weiten der Tundra. Sie ist eine sumpfige, baumlose Kältesteppe, völlig eben oder in flachen Hügeln hinrollend.
Tausende Seen bedecken das Land. Die Bäche und Flüsse finden nur schwer ihren Weg zum Meer. Das Land ist so flach, dass sie sich in unzähligen Mäandern vorwärts winden und Halbkreise beschreiben. Der Reisende, der einen der Flüsse im Motorboot befährt, findet sich nach kilometerlanger Fahrt zu Mittag nicht weit von dem Ort entfernt, von dem er am Morgen aufbrach. Während des Sommers machen Morast, Wasser und immer wieder Wasser ein Vorwärtskommen fast unmöglich. Im Winter aber, wenn Boden und Wasser gefroren sind und der Schnee das Land so gleichmäßig bedeckt, dass es unmöglich wird(,) die Grenze zwischen Wasser und Land festzustellen, kann man im Hundeschlitten hinwegfahren. Und dennoch ist es auch dann kein angenehmes Reisen, denn die Stürme, die von der Bering-See wehen, sind gefürchtet und haben schon manches Opfer gefordert.

(Aus „Alaska“ von Herbert Tichy)

Gedankenstriche — 8. Schulstufe
Beistriche, Kleinschreibung — Leistungsstufe 2

77 Das Niesen ist ein natürlicher Vorgang

Vorübung:

Das Niesen, niesen, nieste, er hat geniest; am Morgen, der Morgen, aber: morgen, heute Morgen; roh, Rohheit; seit jeher; verschieden, in verschiedenster Weise (kein d!); die einen, die anderen, in Gegenwart anderer.

Ansage:

Von dem Augenblick an, da wir am Morgen die Augen aufschlagen, uns ein wenig strecken und dann aufstehen – bisweilen mit dem linken Fuß–, bis zu jenem anderen Augenblick, da wir uns zur Nachtruhe hinlegen, sind wir genötigt(,) uns in irgendeiner Art zu benehmen. Die Tatsache, dass man alles, was man zu tun hat, in einer bestimmten Form tut, die entweder edel oder roh, anmutig oder abstoßend sein kann, hat seit jeher das Interesse jedes nachdenklichen Menschen erweckt.
So ist zum Beispiel das Niesen ein natürlicher Vorgang, den man in verschiedenster Weise erledigen kann. Der Mensch von Anstand tut dies in Gegenwart anderer so unauffällig wie möglich, indem er sich zur Seite kehrt und das rasch gezogene Taschentuch vor die Nase hält. Daraus ergibt sich, dass man stets ein Taschentuch mit sich führen soll. Es gehört einfach zur Kleidung und wird nicht nur dann eingesteckt, wenn man Schnupfen hat.

(Aus „Gutes Benehmen wieder gefragt“ von W. Elmayer)

78 Ehrliche Begeisterung

Vorübung:

Maria **Th**eresia (Gem**ah**lin des K**ai**sers Franz I., Königin von Böhmen und Ungarn, Erzherzogin von Österreich, regierte 1740–1780), der K**ai**ser, die K**ai**serin, k**ai**serlich; der **Th**ron, der **Th**ronhimmel; das Fr**o**nleichnamsfest, der Fr**o**nleichnamstag, die Fr**o**nleichnamsprozession; fr**ö**nen; das Haus „Zur weißen Traube"; der K**ai**ser Karl VI.; das Ba**rett** (eine Kopfbedeckung).

Ansage:

Die sp**ä**tere K**ai**serin Maria **Th**eresia war sechs J**ah**re alt, als am Fr**o**nleichn**am**stage der gl**ä**nzende Zug der Pro**z**e**ss**ion vor de**m** für de**n** Hof eingerichteten Balkon im Hause „**Z**ur wei**ß**en Traube" am Graben in Wien **v**orüber**p**runkte. Als eben der **Th**ronhimmel mit dem **A**llerheilig**sten** herankam, erbli**ck**te mit eine**m** **M**al die kleine Erzherzogin inmi**tt**en all der **P**racht die ma**nn**esschöne Gestalt ihres Vaters, des K**ai**sers Karl VI., in seiner reichen spanischen Hoftracht, da**s** mit wa**ll**enden Federn geschm**ü**ckte Ba**r**e**tt** auf dem Haupt(,) und ihr **E**ntzücken ka**nn**te keine Gren**z**en. Sie kla**tsch**te in die kleinen H**ä**ndchen und rief überlaut vom Balkon hinunter, da**ss** man es weithin hören konnte: „Papi, Papi, wie schön du bist!"

(Aus „Die Kaiserin" von Egon Caesar Conte Corti)

79 Blattkünstler aus uraltem Geschlecht

Vorübung:

Die Million, das Millionstel, der Millionär; kühl, schwül, schwüles, dampfig-warmes Klima, klimatisch; der Kohlenabbau, abbauen; das Abbild, abbilden; der Zeuge, zeugen, bezeugen; die Insel Jamaika, Jamaika-Rum; der Gigant, die Giganten, gigantisch; das Prinzip (Grundsatz), Lebensprinzip, prinzipiell (grundsätzlich); der Nektar; prangen, prangte, geprangt.

Ansage:

Rund 450 Millionen Jahre reicht die Ahnenreihe unsrer Farnpflanzen in die Erdgeschichte zurück. Damals herrschte ein schwüles, dampfig-warmes Klima. Es gab noch keine Vögel und Säugetiere, dafür aber riesenhafte, turmhohe Siegel- und Schuppenbäume, haushohe Schachtelhalme und palmenartige Farnbäume, die Höhen zwischen 30 und 40 Metern erreichten und meterdicke Stämme hatten. Zahlreiche Abdrücke von Blättern und Rindenstücken oder versteinerte, beim Kohlenabbau zutage tretende Stämme sind Zeugen jener gewaltigen Pflanzen. Ein blasses Abbild des damaligen Pflanzenbildes trifft man in verkleinerter Form in den Farnbaumwäldern der Insel Jamaika an. Dort leben noch echte Farnbäume, die letzten direkten Nachkommen aus jener Zeit.
Aus diesen Urformen entstanden unsere jetzigen Farnarten, die allerdings, gemessen an den Giganten der Steinkohlenzeit, wie Zwerge anmuten.
Das Klima veränderte sich, auf der ganzen Welt wurde es kühler, neue Pflanzenarten entstanden und breiteten sich aus, die Farne zogen sich mehr und mehr zurück. Ihrem Lebensprinzip blieben sie aber treu. Sie prangten nicht mit leuchtenden Blüten, sie erzeugten weder Duft noch Nektar. Ihre ganze Sorgfalt galt der Gestaltung ihres Blattwerks, worin sie unübertroffen geblieben sind.

80 Zuerst leben, dann philosophieren

Vorübung:

Die Philosophie (Streben nach Erkenntnis des Zusammenhanges der Dinge in der Welt), philosophieren (Philosophie betreiben); die kulturellen und politischen Beziehungen; die Kultur, die Politik; das Wirtschaftsleben; die Probleme (Fragen) der Produktion (Erzeugung), problematisch produzieren (erzeugen); der Vorrang, die Vorrangstellung; die Hilfsbereitschaft; die Arbeitslosigkeit, die Vollbeschäftigung; der Vordergrund, vorne; das Interesse, im Vordergrund des Interesses; das materielle Elend, materiell, die Materie (Stoff), das Material; die Gesamtheit, gesamt, insgesamt.

Ansage:

Es ist verständlich, dass sich die Jugend durch die kulturellen und politischen Beziehungen zwischen den Völkern stärker angezogen fühlt als durch das Wirtschaftsleben. Heutzutage jedoch kommt den Problemen der Produktion, der Löhne und Preise eine Vorrangstellung und mitunter sogar dramatische Dringlichkeit zu. Hier seien zum Beispiel nur die gewaltigen Anforderungen erwähnt, die seitens der unterentwickelten Länder an die Hilfsbereitschaft jedes Europäers, ja der ganzen Welt gestellt werden. Andererseits stehen Fragen wie Arbeitslosigkeit oder Vollbeschäftigung im Vordergrund des Interesses. Das Sprichwort: „Zuerst leben, dann philosophieren!“ trifft noch immer zu, ganz gleich, wie wir geistig eingestellt sind. Selbst wenn man den sittlichen und geistigen Werten grundsätzlich den Vorrang zuerkennt, muss der Staat bei seinen Verpflichtungen dem Kampf gegen das materielle Elend und dem Streben nach einer sozialen Besserstellung einen Vorrang einräumen. Wir dienen auch den geistigen Zielen, wenn wir die Lebens- und Arbeitsbedingungen für die Gesamtheit der Bevölkerung verbessern.

(Aus „Unser Europa“)

31 Machen Kleider wirklich Leute?

Vorübung:

Die E**l**egan**z**, e**l**egan**t**; die Pariseri**n**, die Pariseri**nn**en, die Berlineri**n**, die Berlineri**nn**en, die Wieneri**n**, die Wieneri**nn**en; das **Ä**ußere – das **I**nnere eines Menschen; **Ä**ußeres und **I**nneres; der **Ch**ara**k**ter, **ch**ara**k**teristisch; das **S**ich-gehen-**L**a**ss**en; die **M**anieren (Sitten), ma**nier**lich; die Ga**r**derobe, die Ga**r**derobefrau.

Ansage:

„Es gibt keine eleganten Kleider, sondern nur elegante Menschen", sagte einmal eine ber**üh**mte **f**ranzösische Modeschöpferi**n**, von der sich die reichsten Pariseri**nn**en anz**ieh**en l**ieß**en. Sie hat **R**echt, obw**oh**l sie damit die Logi**k** des **d**eutschen Sprichwortes, da**ss** es nicht auf die Sch**a**le, sondern auf den Kern ank**ä**me, versch**ie**bt. Das **Ä**ußere und das **I**nnere eines Menschen sind untre**nn**bar miteinander **v**erbunden. Genauso wie der Kern einer Frucht von innen heraus die Sch**a**le formt, so entwickeln **Ch**arakter und We**s**en eines Menschen sein **E**rscheinungsbild. Ordnungsl**ie**be und Flei**ß**, Geschma**ck**, Anmut der Bewegungen und gute Umgangsformen kö**nn**en ein Mädchen in eine „junge Dame" verwandeln, w**äh**rend Schlamperei, Unüberlegtheit, Pr**ah**lsucht, **S**ich-gehen-**L**a**ss**en sowie schlechte **M**an**ie**ren selbst ein bildhübsches M**ä**dchen in der **t**euersten Ga**r**derobe um seine elegante Wirkung bringen.

(Aus „Von Tag zu Tag" von Schittenhelm)

82 Nur für Brillenschlangen

Vorübung:

Das Stadium, die Stadien; das Brillentragen, die Stadien des Brillentragens; oval (halbrund), das Oval; eulenhaft, etwas Eulenhaftes; zweckmäßig, das Zweckmäßige; gut, das Gute; das Monstrum (unförmiger Gegenstand), die Monstren; aussuchen, das Aussuchen; ausprobieren, das Ausprobieren.

Ansage:

Wohl uns! Es bleibt uns erspart, die hässlichen Stadien des Brillentragens durchwandern zu müssen, wie es unseren Eltern noch beschieden war. Kneifer, die auch das lieblichste Gesicht verunzierten, lächerlich kleine ovale Gläser in hässlichen Nickelgestellen an einer Stange oder kreisrunde Scheiben, die den Augen etwas Eulenhaftes gaben. Wir können uns kaum noch an sie erinnern. Gesegnet sei unser Zeitalter der schönen Brillen, das aus einem notwendigen Übel einen Kult gemacht hat! Jedoch, dass die Zauberin Mode sich auch der Brille annahm, dass sie darüber nachsann, wie das Zweckmäßige auch schön darzubieten sei, brauchen wir nicht mehr den Kopf vor kritischen Augen zu senken mit dem schmerzenden Stachel im Herzen, dass unser Gesicht durch das Monstrum auf der Nase schrecklich entstellt sei. Heute ist das Aussuchen der Brille fast genauso lustig wie das Anprobieren von Kleidern und Hüten.

(Aus „Von Tag zu Tag“ von Schittenhelm)

83 Die Maschine hilft bei der Arbeit

Vorübung:

Die Maschine, maschinell, die Maschinenindustrie; der 12-Stunden-Arbeitstag; typisch (kennzeichnend), die Type; das Notwendigste, es reicht zum Notwendigsten; der Einzelne, der eine und der andere.

Ansage:

Es ist eine erstaunliche Tatsache: Die Menschheit ist etwa 5 Millionen Jahre alt, die letzten 6.000 Jahre sind in überlieferter Geschichte festgehalten. Aber all das, was für unser heutiges Leben typisch ist, was wir aus unserem Alltag kaum wegdenken können, wurde erst in den letzten Jahrzehnten erfunden. Noch vor 100 Jahren starben die Menschen viel früher. 30 Jahre betrug das durchschnittliche Lebensalter, heute 73 Jahre für Männer, 78 für Frauen.
Der **12-Stunden-Arbeitstag** war für die meisten Arbeiter eine harte Tatsache. An freie Samstage und geregelte Geschäftszeiten wagte man kaum zu denken, ein bezahlter Urlaub war unbekannt. Der Lohn reichte vielfach nicht einmal zum Notwendigsten. Dass es uns heute allen doch viel besser geht, ist eine Folge des gewaltigen technischen Fortschritts: Die Maschine hilft bei der Arbeit. Dadurch kann der Einzelne innerhalb einer Arbeitsstunde viel mehr Werte erzeugen.

84 Im Steinkohlenbergwerk

Vorübung:

Schichtwechsel, die **N**achtschicht; die **Z**eche; der **F**örderturm, der **F**örderkorb; die Gru**b**enlam**p**e, die F**ah**rmarke, der Kum**p**el (Bergarbeiter), die Kum**p**els, der Schacht, im Schacht, „unter Tag“, der Tu**nn**el, der Eisenbahntu**nn**el, die S**oh**le (Stockwerk) des Bergwerks, im **D**unkeln arbeiten.

Ansage:

In der Morgend**ä**mmerung gehen wir beim **S**chichtwechsel **m**itten im Strom der Bergarbeiter hinaus an die **Z**eche. Hier erheben sich rauchen**d**e Schornsteine und zwei hohe, eiserne **F**ördertürme. An deren Spi**tz**e drehen sich m**ä**chtige R**ä**der. Über diese laufen armdicke Dr**ah**tseile, an denen **F**örderkörbe h**ä**ngen. Bald tr**ä**gt jeder von uns einen Gru**b**enanzug, einen st**äh**lernen Helm, eine Grubenlampe und eine blecherne F**ah**rmarke mit Nu**mm**er. Der **F**örderkor**b** taucht aus der T**ie**fe auf. Kum**p**els der Nachtschicht steigen aus. Im **v**ierstöckigen Korb mit einem Fa**ss**ungs**v**ermögen von 50 Personen sau**s**en wir da**nn** in die **T**iefe des Schachts. Der Wind heult durch die Gitter. **K**o**h**lenstau**b** umwirbelt uns. „Unter Tag“ landet unser Korb vor einem he**ll** erleuchteten, breiten, ausgemauerten Tu**nn**el mit vielen **G**eleisen. Wir stehen auf der untersten „Sohle“ des Bergwerks.

(Aus „Natur und Geschichte“, Band 1, Verlag Herder)

z, ie, ah
Beistriche

9. Schulstufe
Leistungsstufe 1

85 Astronauten

Vorübung:

Der Astronaut (Raumfahrer), das Militär, die Marine, Marineinfanterie; Raumfahrer von morgen; eine langwierige Untersuchung; eine langwierige Befragung; die Strapazen, strapaziös, strapazieren; die Kandidaten (Anwärter), kandidieren; Spezialgerät, speziell; es vergeht einem Hören und Sehen; fit sein (zu höchster Leistung fähig sein); die Akademie (Hochschule), akademisch; der Steuerknüppel einer Düsenmaschine; der Pilot (Flugzeuglenker), Testpilot; das Fliegen, das Laufen; ausbilden, der Ausbildner.

Ansage:

Sie kommen in den Uniformen von Luftwaffe, Marine und Marineinfanterie oder auch in Zivil, die Anwärter auf den modernsten Beruf unserer Tage: **Astronaut.** Was muss der Raumfahrer von morgen können, was muss er lernen? Fragen wir zuerst: Was muss er aushalten können; denn am Anfang seiner Laufbahn stehen langwierige und quälende Untersuchungen. Die Ärzte wollen es genau wissen, denn Raumfahrt ist kein Vergnügen. Die Männer müssen gesund und kräftig sein(,) um vielerlei Strapazen auszuhalten. In kritischen Augenblicken brauchen sie einen klaren Kopf und eiserne Nerven. All das prüfen die Ärzte. In abgedunkelten Räumen werden die Kandidaten auf Spezialgeräte geschnallt, sie werden durchgerüttelt und mit großer Geschwindigkeit im Kreis herumgewirbelt, dass ihnen „Hören und Sehen vergeht“. Nur wer diese Untersuchungen besteht, kommt in die Endauswahl. Körperlich fit zu sein, das ist zwar erste Bedingung, aber nicht die einzige. Alle Anwärter auf den Weltraum haben die Hochschulausbildung oder kommen von militärischen Akademien. Die meisten haben bereits lange Jahre hinter dem Steuerknüppel einer Düsenmaschine verbracht. Viele waren Testpiloten. Sie beherrschen das Fliegen wie wir das Laufen. Doch der Flug durch das Weltall ist neu für sie. Das macht selbst diese harten Männer etwas unsicher. Aber sie lernen schnell. Dafür sorgen schon die Ausbildner, die sehr streng sind.

86 Raumstationen

Vorübung:

Die Sta**tion**, die Raumsta**tion**, sta**tion**ieren, die Wettersta**tion**, die Bahnsta**tion**; der Sate**ll**it (hier: künstlicher Erdmond), Riesensate**ll**iten; die Ra**k**ete, das Ra**k**etengeschoß; das **G**anze, als **G**anzes, aufs **G**anze gehen, das **g**anze Stück, im **G**anzen, im **G**roßen und **G**anzen, **g**anz und **g**ar.

Ansage:

Zu den wichtigsten Pl**ä**nen der Weltraumforscher und Techni**k**er gehört der Bau einer Raumsta**tion**, die bemannt und für **v**iel**fä**ltige Aufgaben einsa**tz**bereit ist. Eine Reihe von Pl**ä**nen amerikanischer Firmen l**ie**gt vor, die nach alle**m**, was wir wi**ss**en, durchaus zu **v**erwirklichen sind; und in Ru**ss**land besch**ä**ftigt man sich ebenfa**ll**s mit solchen Riesensate**ll**iten. Das **V**orhaben zu verwirklichen(,) wird nicht nur sehr schw**ie**rig, sondern vor alle**m** au**ß**erordentlich teuer sein. Es ist nicht möglich, eine gro**ß**e Raumsta**tion**, die eine grö**ß**ere Anz**ah**l von Besatzungsmitgliedern beherbergen und **v**ielerlei Forschungsaufgaben erfüllen kann, als **G**anzes in eine Umlaufb**ah**n zu bringen, an das zuerst hinaufgescho**ss**ene Kernstück der Sta**tion** heranzuführen und de**n** **Z**usammenbau im freien Raum **v**orzunehmen. Die gewichtlose Sta**tion** braucht im Weltraum lange nicht so stab**i**l gebaut zu werden, wie es bei einem entsprechen**d** großen Bau auf der Erde nötig w**ä**re.

(Aus „Planeten, Raketen, Astronauten“ von G. Martell)

87 Wie wir unsere Klassenvertreter wählen

Vorübung:

Die Wahlversammlung; diskutieren (etwas mündlich erörtern), die Diskussion, Diskussionspunkte; der Kamerad, die Kameraden; neutral (unparteiisch), die Neutralität, das Neutralitätsabkommen; fair (gerecht, ritterlich), unfair; die vier (Schüler), diese drei (Kameraden); das Publikum (die Zuhörer, Zuschauer), publizieren (veröffentlichen), die Publikation (die Veröffentlichung); die Republik; das Parteiprogramm, programmieren, das Programmheft.

Ansage:

Die Wahlversammlung findet in der Form statt, dass die Vertreter von mehreren Parteien über ihr politisches Programm miteinander diskutieren. Die Klasse wählt drei Kameraden aus. Jeder vertritt eine Partei. Ein vierter leitet die Disussion. Er muss neutral und fair sein, das heißt, er darf niemanden bevorzugen und niemanden benachteiligen. Die vier setzen sich so um einen Tisch vor die Klasse, dass sie alle ihr Gesicht dem Publikum zuwenden. Jeder der Parteivertreter hält zuerst eine Rede von etwa fünf Minuten, in der er das Programm seiner Partei bekannt gibt. Dann diskutieren diese drei unter der Leitung des Vorsitzenden etwa zehn Minuten lang. Zuletzt diskutiert die Klasse mit den Parteienvertretern ebenfalls unter der Leitung des Vorsitzenden. Am Ende der Wahlversammlung könnt ihr dann die Wahl durchführen. Welche Partei wird bei euch wohl gewinnen?

(Aus „Demokratie in Politik und Alltag“ von H. Oswald)

ä, i, chs; Strichpunkt

9. Schulstufe
Leistungsstufe I

88 Der Luchs liefert einen wertvollen Pelz

Vorübung:

Der Luchs, der Fuchs, der Dachs; der Pelz, pelzig, pelzverbrämt; Skandinavien, skandinavisch, die skandinavischen Länder; Sibirien, sibirische Kälte; Asien, die Bewohner Asiens, asiatische Sitten; die Halbinsel Sachalin; China, die Chinesen, chinesisch; vornehm, vornehmlich; das Dickicht, im Dickicht, im Dickicht versteckt sein; jagen, jagte, gejagt; rühren, das rührt daher, berühren, ungerührt.

Ansage:

Der Luchs war früher in Europa weit verbreitet; heute ist er hier bis auf einige Stellen in Skandinavien, auf dem Balkan und in Russland ausgerottet. Man findet ihn aber noch in Sibirien und Innerasien, auf der Halbinsel Sachalin sowie in Kanada. Sein Körper ist sehr kräftig und gedrungen gebaut und übertrifft zuweilen den Schäferhund an Größe. Die Ohren laufen in spitze Haarpinsel aus, das dichte, rötlich graue Fell liefert einen wertvollen Pelz. Der Luchs bewohnt vornehmlich dichte Wälder. Tagsüber schläft er im Dickicht oder in vorhandenen Höhlen; bei Nacht jagt er Tiere aller Art bis zur Größe von Rehen. Er überfällt seine Beute mit einem Sprung aus der Deckung.
Der Luchs galt schon im Altertum als gefürchteter Räuber; obwohl man von seiner Lebensweise wenig wusste, gab es viele stark übertriebene Erzählungen über ihn. Daher rührt es wohl, dass die Schärfe seiner Augen sprichwörtlich geworden ist; Gesichtssinn und Gehör sind aber bei allen katzenartigen Raubtieren sehr gut ausgebildet.

(Aus „Westermanns Bildkartenlexikon“)

89 Sind Haie wirklich gefährlich

Vorübung:

Der **Hai**, Ka**tz**enh**ai**e, Riesenh**ai**e, die H**ai**arten, die H**ai**flosse; das **G**ruseln, mit leichte**m** **G**ruseln, **g**ru**s**eln; das M**ee**r, das Mittelm**ee**r, M**ee**resungeh**eu**er; die S**ee**, die Nords**ee**, Hochs**ee**fische; rauben, der R**äu**ber; jagen, der J**ä**ger; die Gef**ah**r, gef**äh**rlich; der **A**tlanti**k**, der **A**tlantische Ozean, die Küste des **A**tlanti**k**s; der **A**bend, am **A**bend, **a**bends, **m**orgens, **m**ittags; die **H**aut, abh**äu**ten, Stachelh**äu**ter; d**ä**mmern, die D**ä**mmerung; der N**a**me, n**a**mentlich, n**ä**mlich; die Ausn**ah**me, n**eh**men; die Pupi**ll**e (das Sehloch im Auge).

Ansage:

Wann i**mm**er man den Namen „**Hai**“ hört, eri**nn**ert man sich mit leichte**m** **G**ru**s**eln an die en**t**se**tz**lichen Geschichten über diese „M**ee**resungeh**eu**er“, die auch de**m** Menschen gef**äh**rlich werden können. **V**iele H**ai**geschichten sind jedoch übertr**ie**ben. Nicht alle H**ai**e sind R**äu**ber(,) und nicht alle H**ai**e greifen Menchen an. Gerade die Riesenh**ai**e ern**äh**ren sich ausschl**ieß**lich von Kleinlebewesen des M**ee**res. Auch die **k**leineren H**ai**arten wie die Katzenh**ai**e sind ungef**äh**rlich. Doch sti**mm**t es, da**ss** die **m**eisten H**ai**e Jäger sind, da**ss** die größeren Arten bei **G**elegenheit auch Menschen angreifen. Nur begegnet man ihnen eher selten, de**nn** H**ai**e sind mit wenigen Ausn**ah**men Hochs**ee**fische. Eine solche Ausn**ah**me sind die kleinen Ka**tz**enh**ai**e, die in drei Arten an den Küsten des Mittelm**ee**res, des Atlanti**k**s und in der Nords**ee** leben. Sie sind tr**ä**ge Grundfische, die erst **a**bends munter werden. Dann jagen sie kleine Fische, Krebse, Weichtiere und Stachelh**äu**ter. Als D**ämm**erungstiere haben sie wie die Hauska**tz**e geschli**tz**te Pupi**ll**en. Dieser Eigenschaft **v**er**d**anken sie ihren N**a**men.

(Aus „Der Naturforscher 2“ von Kirchhofer)

Beistriche in Satzperioden — 9. Schulstufe
Großschreibung — Leistungsstufe 1

90 Lob der Landschaft

Vorübung:

Tirol, das Tirolische, Tiroler Loden; Salzburg, das Salzburgische, Salzburger Schnürlregen; Niederösterreich, das Niederösterreichische; die Kulisse des Hochgebirges; wirklichkeitsstreng; bergumhegte Seengefilde; die Bastionen (Bollwerke) des Hochgebirges; viel, vielmals, die Vielheit.

Ansage:

Gibt dem Tirolischen und dem Salzburgischen, diesem bis tief in den Flachgau herein, die wirklichkeitsstrenge Kulisse des Hochgebirges den entscheidenden Charakter, schmiegen sich in Kärnten die Ketten der Tauern und Karawanken als himmelragende Ränder um den tieferen Raum, stuft sich die Landschaft Oberösterreichs von den Firngipfeln des Dachsteins über das bergumhegte Seengefilde und die Stromniederung der Donau wieder zum sanften Schwung der Böhmerwaldberge empor, reichen sich im Niederösterreichischen die letzten Bastionen des Hochgebirges und die Weite des Donaulandes über die Höhen des Wienerwaldes hin gleichsam geschwisterlich die Hand. Die Steiermark trägt das Lied der Landschaft in einer Vielheit in sich, die alle Formen der Nachbarländer beglückend vereint.

(Rudolf List)

91 Carl Friedrich Gauß machte mit 13 das Abitur

Vorübung:

Das **Abitur** (Matura, Reifeprüfung); die **Th**eorie (Lehre), **th**eoretisch, der **Th**eoretiker; die Do**k**torarbeit, Do**k**tor der **Ph**ilosphie, Doktor der Medi**z**in; die Alge**b**ra (eine Rechnungsart), algebr**ai**sch, eine algebr**ai**sche Gleichung; bedeuten**d**, am bedeuten**d**sten; die Ma**th**ematik, ma**th**ematisch; der Ele**k**tromagnetismu**s**, magnetisch; der Wi**ss**enschaft**l**er (in Österreich: der Wissenschafter); das **K**apital; **u**nbeachtet, der **U**nbeachtete, der **U**nbeachtetste; **g**roß, der **G**rößte.

Ansage:

Carl Friedrich Gau**ß**, 1777 in Braunschweig geboren, wurde für ein Wunderkind gehalten, denn er übe**rr**aschte schon in früher Jugen**d** seine Umgebung durch seine her**v**o**rr**agenden Rechenkenntni**ss**e. Es wundert daher niemande**n**, da**ss** er mit 13 Jahren bereits das **Abitur** ablegte. Noch als Student begrün**d**e**t**e er die **Th**eorie der Kreisteilung und bewie**s** 1799 in einer Do**k**torarbeit, da**ss** jede algebr**ai**sche Gleichung mindestens eine Lösung hat. Damit wurde er einer der bedeuten**d**sten Ma**th**emati**k**er aller Zeiten. Ma**n** ne**nn**t ihn h**eu**te den „Vater der Ma**th**emati**k** als echter Wi**ss**enschaft“. Mit 25 J**ah**ren war er bereits **w**eltber**üh**mt. Auf de**m** Gebiet der Me**ss**kunde entwi**ck**elte er grun**d**legen**d**e Ger**ä**te, sp**ä**ter arbeitete er die **Th**eorie des Ele**k**tromagnetismu**s** aus. Noch heute gilt sein Name als ein Grundma**ß** der **m**agnetischen Krafteinheit. 1855 starb er. Er war einer der grö**ß**ten Wi**ss**enschaftler aller Zeiten(,) ohne je die **V**olkstümlichkeit **a**nderer erlangt zu haben, aber auch ohne je Kapital aus seinen Erfindungen und Forschungen geschlagen zu haben. Er gehört zu den **U**nbeachte**tsten** der Grö**ß**ten.

(Aus „Die Großen der Welt“ von G. Popp)

ä; Beistriche

9. Schulstufe
Leistungsstufe 2

92 Der Fremde

Vorübung:

Die Schätzung, schätzen, abschätzen; die Schläfen, Schläfenschmerzen, schlafen; spärlich, sparen; kariert, das Karo; die Aufschläge; elegant, die Eleganz; aufrauen, aufgeraut, rau; die Manschetten, der Manschettenknopf; schäbig, die Schäbigkeit, schaben, abschaben, abgeschabt; ausländisch, das Ausland; der Sammetaugen, Samt und Seide.

Ansage:

Sein Alter wäre schwer zu schätzen gewesen, zwischen dreißig und vierzig musste es wohl liegen, denn wenn auch seine gesamte Erscheinung jugendlich wirkte, so war sein Haupthaar doch an den Schläfen schon silbrig durchsetzt und weiter oben merklich gelichtet. Zwei kahle Buchten sprangen neben dem schmalen, spärlichen Scheitel ein und erhöhten die Stirn. Sein Anzug, diese hellgelblich karierten Hosen und ein weiter, zu langer Rock mit zwei Reihen Knöpfen und sehr großen Aufschlägen, war weit entfernt(,) Anspruch auf Eleganz zu erheben. Auch zeigte sein runder, umgebogener Stehkragen sich von häufiger Wäsche an den Kanten schon etwas aufgeraut. Seine schwarze Krawatte war abgenutzt(,) und Manschetten trug er offenbar überhaupt nicht. – Hans erkannte es an der schlaffen Art, in der die Ärmel ihm um das Handgelenk hingen. Somit sah er wohl, dass er einen Herrn vor sich habe, denn der gebildete Gesichtsausdruck des Fremden, seine freie, ja schöne Haltung ließ keinen Zweifel daran. Diese Mischung von Schäbigkeit und Anmut, die schwarzen Augen und der weich geschwungene Schnurrbart erinnerten an gewisse ausländische Musikanten, die in den Höfen aufspielten und mit emporgerichteten Sammetaugen ihren Schlapphut hinhielten.

(Aus „Der Zauberberg“ von Thomas Mann)

93 Das Antlitz Dostojewskis

Vorübung:

Das Antlitz (Gesicht), ins Antlitz sehen; Dostojewski (ein russischer Dichter, 1821–1881); versengen (verbrennen), versengt; siech, dahinsiechen, das Siechtum; slawisch, die slawischen Sprachen, Jugoslawien (Südslawien); das Kinn; einsinken, eingesenkt; zehren, verzehren, das Brot verzehren; nervös, die Nerven, die Nervosität; das Unbelebte, ins Unbelebte niedersinken.

Ansage:

Sein Antlitz scheint zuerst das eines Bauern. Lehmfarben, fast schmutzig falten sich die eingesunkenen Wangen, zerpflügt von vieljährigem Leid. Dürstend und versengt spannt sich mit vielen Sprüngen die rissige Haut, der zwanzigjähriges Siechtum Blut und Farbe entzogen. Rechts und links starren, zwei mächtige Steinblöcke, die slawischen Backenknochen heraus. Den herben Mund, das brüchige Kinn überwuchert wirrer Busch von Bart. Erde, Fels und Wald, eine tragisch elementare Landschaft, das sind die Tiefen von Dostojewskis Gesicht. Alles ist dunkel, irdisch und ohne Schönheit in diesem Bauern- und beinahe Bettlerantlitz. Flach und farblos, ohne Glanz dunkelt es hin, ein Stück russische Steppe auf Steine versprengt. Selbst die Augen, die tief eingesunken, vermögen aus ihren Klüften nicht diesen mürben Lehm zu erleuchten, denn nicht nach außen schlägt klar und blendend ihre gerade Flamme; gleichsam nach innen, ins Blutleere hinein brennen zehrend ihre spitzen Blicke. Wenn sie sich schließen, stürzt der Tod sofort über dieses Gesicht, und die nervöse Hochspannung, die sonst die mürben Züge zusammenhält, sinkt ins Unbelebte.

(Stefan Zweig)

94 Die Polarnacht

Vorübung:

Der P**o**l, die P**o**larnacht, das P**o**lareis; das **S**chöne, etwas **S**chönes, etwas **S**chöneres; die S**ai**te, die Darms**ai**te, das S**ai**teninstrument; der Hori**z**ont, hori**z**ontal; l**i**la, **v**iole**tt**, die **v**iole**tt**e F**ä**rbung; glei**ß**en (glänzen, leuchten), glei**ß**ende Str**ah**lenwellen, silbergli**tz**ernde Schleier; der Zeni**t** (Scheitelpunkt des Himmels).

Ansage:

Etwas **S**chöneres als die Polarnacht gibt es nicht. Ein Traumbild, gemalt in den feinsten T**ö**nen, **oh**ne Formen. Alles ist d**ä**mmern**d**e, tr**äu**men**d**e Farbenmusik, eine ferne, unen**d**liche Melodie in gedämpfte**m** **Sai**tenspiel. Doch ist nicht alle**n** Lebens Schönheit hoch und zart und rein wie diese Nacht? Trage starke Farben auf(,) und es ist nicht mehr schön. Wie eine unerme**ss**liche Kugel wölbt sich der Hi**mm**el über dir, oben blau, n**ä**her am Horizont grün und ganz unten am Hi**mm**elsrand l**i**la, **v**iole**tt**. An de**m** blauen Gewölbe blinken Sterne, fr**ie**dlich wie immer. Da schü**tt**elt das Nordlicht seine**n** silbergli**tz**ernde**n** Schleier über das Gewölbe, bald gelb, bald grün, bald rötlich, zerfla**tt**ert, sa**mm**elt sich w**ie**der mit unruhige**m** **J**agen und w**ie**gt sich dann in leuchtende**n** Silberb**ä**ndern mit reichen Falten. Glei**ß**en**d**e Str**ah**lenwe**ll**en f**ah**ren darüber hinweg(,) und für einen Augenbli**ck** schwin**d**et der Glan**z**. Da sp**ie**lt es mit Fla**mm**enzungen hoch oben im Zeni**t**. **Plötz**lich schie**ß**t ein kr**ä**ftiger Str**ah**l vom Hi**mm**elsrand herunter(,) und der ganze Schleier schmil**z**t im Mondenglan**z**.

(Aus „In Nacht und Eis“ von Fritjof Nansen)

Gedankenstriche, Beistriche
Bindestriche, Doppelpunkt

9. Schulstufe
Leistungsstufe 2

95 Mit der Eisenbahn durch Mexiko

Vorübung:

Mexiko, mexikanisch; Krater, Kraterberge; die Lava, das Lavablockgeröll; der Mais (Kukuruz); die Agave; der Kaktus, die Kakteen; glasig-türkishell; Yuccabäume, Eukalyptusalleen; die Hazienda (Gutshof), die Hazienden; das Fort (Festungswerk); jäh (plötzlich); Lehmziegelhütten.

Ansage:

Schneeberge und eigenartig zusammengebrochene Kraterkegel, gelbe, sandige Wüste mit grauschwarzem Lavablockgeröll, förmliche Wälder von riesigen Kakteen aller Arten, malerisch gegen den glasig-türkishellen Himmel stehende Yuccabäume, spärliche Eukalyptus- und Pfefferbaumalleen, das ist das charakteristische Bild des mexikanischen Hochlandes, wie es sich uns vom Zug aus zeigt. Hazienden – niedrigen, graugelben Wüstenforts gleich, fensterlos ummauert, einsam und wie verlassen – tauchen auf, halb verfallen daneben die schwärzlichen Lehmhütten der Indianer.
Plötzlich eilen die Schaffner aufgeregt durch den Zug, schließen Türen und Fenster: Voraus ein Sandsturm! Wie ein graugelber, Sonne und Himmel verdunkelnder Vorhang zieht er sich vor die Landschaft. Minuten später hat er uns erreicht. – Doch ebenso jäh, wie dieser Wüstensturm uns anfiel, ist er vorbei. Wieder sausen wir an Agaven, Kakteen, Lehmziegelhütten vorüber, doch alles ist nun wie mit Staubzucker gepudert, vom Sandsturm gezeichnet.

(Aus „Mexiko ist anders“ von J. M. Frank)

Fremdwörter, Klein- und Großschreibung
Beistriche

9. Schulstufe
Leistungsstufe 2

96 Der Betrieb

Vorübung:

Die Berufsausbildung; die Familie, familiär, der Familienvater; die betrieblichen Arbeitsbedingungen, die Arbeitsgemeinschaft; der Einzelne, der eine und der andere; die Instanz (hier: höhere Dienststelle, zuständige Stelle), der Instanzenzug, die höchste Instanz; der Apparat (Gerät), der Fernsehapparat, der Rasierapparat.

Ansage:

Mit der Berufsausbildung tritt für den jungen Menschen neben die Familie ein neuer Lebensraum, der Betrieb. Hier verbringt er die acht wachsten Stunden seines Tages. Auch wenn er noch in der Lehre steht, also noch nicht die volle Last der betrieblichen Arbeitsbedingungen trägt, so merkt er doch, dass der Betrieb unter einem anderen Lebensgesetz steht als die Familie oder die Schule. Hier dreht sich nicht mehr alles um ihn. Der Betrieb tritt ihm als eine in sich geschlossene Arbeitsgemeinschaft gegenüber, deren Tätigkeit nach Zielen gesteuert wird, auf die der Einzelne keinen Einfluss hat. Sie werden von einer fernen Instanz gesetzt. So ist es nur natürlich, dass dem Neuling der Betrieb als ein riesiger Apparat erscheint, der ihm vorerst ziemlich undurchsichtig und fremd anmutet. Es liegt auf der Hand: Er wird einen Zugang, einen Überblick und ein gesundes, das heißt überlegenes Verhältnis zu diesem neuen Lebensraum nur gewinnen, wenn er sich darum bemüht.

(Aus „Herders kleines Bildungsbuch“)

97 Die Aufgabe des Handels

Vorübung:

Der Lebensstan**dard**, der Stan**dard** (Normalma**ß**); das Wachstum der Wirtschaft; die **V**iel**f**alt, **v**iel**fä**ltig; die Organisa**tion** (Einteilung, Planung), organis**ie**ren; der Konsum (Verbrauch), der Konsumen**t** (Verbraucher), die Konsumen**t**enorganisa**tion**; das Produk**t** (Erzeugnis), die Produk**tion** (Erzeugung), der Produ**z**en**t**, produ**z**ieren; die Funk**tion** (Aufgabe), funk**tionie**ren (richtig in Betrieb sein).

Ansage:

Die ganze Weltwirtschaft, unser Lebensstan**dar**d, das **w**eitere **W**achstum unseres W**oh**lstandes sind undenkbar ohne eine moderne Organisa**tion**, die dem Verbraucher die **V**iel**f**alt von Erzeug**niss**en anbietet. Da**s**, was für den Verbraucher in der ganzen Welt erzeugt wird, soll i**h**m möglichst an eine**m** Pla**tz** zur Ausw**ah**l dargeboten werden. Dieser Pla**tz** der Begegnung zwischen Erzeuger und Verbraucher ist der eigentliche Mittelpunkt der modernen Wirtschaft. Hier wird über den Erfolg der Produk**tion** en**t**sch**ie**den. Die moderne Wirtschaft ist n**ä**mlich ein r**ie**sengro**ß**er Markt mit unen**d**lich **v**iel**fä**ltigen Aufgaben. In den wenigen Gesch**ä**ften, in denen jeder Haushalt seinen Bedarf de**ck**t, wird ein r**ie**siges Angebot von Waren aus der ganzen Welt bereitgehalten. Diese reibungslose Verbindung zwischen Erzeuger und K**äu**fer kla**pp**t aber nur da**nn**, we**nn** die Pro**d**u**k**te für den Konsumen**t**en richtig ausgew**äh**lt, gelagert und übersichtlich dargeboten werden. Hier liegt die entschei**d**en**d**e Aufgabe des modernen Handels.

98 Die Industriegesellschaft

Vorübung:

Die Industrie, die Industriegesellschaft, die Industriegüter, die Industriestaaten, die Industrialisierung; die Dynamik (Bewegung), dynamisch, der Dynamo; die Nation (das Volk), national, international (zwischenstaatlich); sich spezialisieren, hoch spezialiiert, speziell; die Tradition (die Überlieferung, das Herkommen), traditionell; das Rohstoffvorkommen; qualifizieren (bewerten), hoch qualifiziert; die Produkte (Erzeugnisse), produzieren; sich konzentrieren (sammeln), die Konzentration (Sammlung, Zusammenballung).

Ansage:

Unsere Gesellschaft ist eine sogenannte „Industriegesellschaft". In den entwickelten Ländern ist die Industrie der Rückhalt der Volkswirtschaft. Die Entwicklungsländer ihrerseits beschreiten ebenfalls den Weg der Industrialisierung. Daraus ergeben sich Folgerungen für den Welthandel.

Die Dynamik des moderenen Welthandels beruht darauf, dass immer mehr Industriegüter getauscht werden, immer weniger aber, wie in früheren Jahrzehnten, Industriegüter gegen Rohstoffe. Die Erfahrung lehrt, dass der Güteraustausch zwischen hoch entwickelten Staaten stets dichter wird. Gleichzeitig schreitet die sogenannte internationale Arbeitsteilung fort. Die einzelnen Volkswirtschaften spezialisieren sich immer mehr, das heißt, sie trachten(,) jene Erzeugniszweige besonders auszubauen, in denen sie anderen aus verschiedenen Gründen – Tradition, handwerkliches Können, Forschungsleistungen, Rohstoffvorkommen und Ähnliches – überlegen sind. Die hoch entwickelten Industriestaaten haben den sogenannten Entwicklungsländern das technische Wissen, die jahrzehntelange Erfahrung und das große Kapital, das in qualifizierten Fachkräften liegt, voraus. Sie müssen daher trachten(,) sich auf hoch spezialisierte Produkte zu konzentrieren, für deren Anfertigung besondere Voraussetzungen nötig sind.

i, ie, aa, ss, ß

9. Schulstufe
Leistungsstufe 2

99 Wohlfahrts- und Versorgungsstaat

Vorübung:

Die Politik, sozial (die Gesellschaft betreffend, gemeinnützig), die Sozialpolitik (Maßnahmen zur Unterstützung wirtschaftlich schwacher Bevölkerungsteile); der Staat, der Wohlfahrtsstaat, der Versorgungsstaat, der Wohlfahrts- und Versorgungsstaat; der Rückhalt, der Lebensunterhalt; das Zusammenwirken, zusammenwirken; die Familie, familiär; die Gemeinschaft, die Arbeitsgemeinschaft; das materielle Wohlergehen.

Ansage:

Man kann den Sinn der Sozialpolitik dahin zusammenfassen, dass man sagt, der Staat erfüllt durch sie seine Aufgabe(,) für das materielle Wohlergehen seiner Bürger zu sorgen. Das kann natürlich nicht heißen, dass er uns alle Sorgen abnimmt, wie manche Menschen es heute vom Staate erwarten und verlangen. Der Wohlfahrtsstaat darf nicht zu einem Versorgungsstaat werden, wenn den Bürgern ein gewisses Maß von Unabhängigkeit und Freiheit gesichert bleiben soll. In erster Linie ist es unsere eigene Pflicht(,) für uns zu sorgen(,) und die Aufgabe der Familie(,) ihren Mitgliedern den Rückhalt im Leben zu bieten. In früheren Zeiten wurde in der Arbeitsgemeinschaft der Familie der ganze Lebensunterhalt beschafft. In unserem Zeitalter der industriellen Arbeitsteilung hat „die Wirtschaft" diese Aufgabe übernommen. Ihr stellen wir im Beruf unsere Kraft zur Verfügung und empfangen dafür, was wir zum Leben brauchen. „Die Wirtschaft" besteht aus dem Zusammenwirken unzähliger Kräfte. Auch sie stellt also eine Gemeinschaft eigener Art dar, die Freiheit braucht, wenn sie leben soll. Der Staat hat nicht den Zweck, die familiären, wirtschaftlichen und sonstigen Gemeinschaften der Menschen in sich aufzusaugen und zu ersetzen, sondern er soll eine Ordnung herstellen, innerhalb deren sie sich so gut wie möglich entfalten und ihre eigenen Zwecke erfüllen können.

ee, aa; Bindestrich
zusammengesetzte Wörter

9. Schulstufe
Leistungsstufe 2

100

Kulturpolitik

Vorübung:

Die St**aa**tsaufgaben, die **l**etzte und **h**öchste aller St**aa**tsaufgaben; das geistig-seelische **Z**usammenleben; die **S**eele, **see**lisch, be**see**lt; die Berufs- und Betriebsgemeinschaft, die Kulturgemeinschaft; die Politi**k**, der Politi**k**er, politisch; **v**orn**eh**m, die **v**orn**eh**mste **B**etätigung; das **W**ohlwo**ll**en, der Geist des gegenseitigen **W**ohlwo**ll**ens.

Ansage:

Die **l**etzte und in gewisse**m** Sinne **h**öchste St**aa**tsaufgabe l**ie**gt in der **F**örderung des geistig-s**ee**lischen **Z**usammenlebens des Menschen, aus de**m** das en**t**st**eh**t, was wir Kultur bezeichnen. Das Menschenleben erh**ä**lt ja seinen Si**nn** dadurch, da**ss** unser Geist und unsere **See**le sich en**t**faltet. Da**s** ist erst in der Gemeinschaft möglich. Und(,) anders be**t**rachtet(,) ist jede Gemeinschaft selbst w**ie**der ein Stü**ck** Kultur. Ehe und Fam**i**lie, Berufs- und Betriebsgemeinschaft, die Kirche und auch der St**aa**t sind Kulturgemeinschaften. Sie sind Schöpfungen des göttlichen und menschlichen Geistes, ebenso wie die Wi**ss**enschaft, die Kunst, die Wirtschaft und das Recht. Darum gehört auch die **Tä**tigkeit des St**aa**tes, die wir Politi**k** nennen, zu den **v**orn**eh**msten **B**et**ä**tigungen menschlicher Kultur. Sie d**ie**nt ja dem Zwe**ck**, das **Z**usammenleben der Menschen mehr und mehr zu **v**eredeln, indem sie es mit dem Geist der Gerechtigkeit und gegenseitigen **W**ohlwollens erfüllt.

Die häufigsten Zweifelsfälle

Die nachstehend angeführten Wörter werden erfahrungsgemäß am häufigsten falsch geschrieben; sie müssen daher gesondert eingeübt werden.

A

Abend; des **A**bends, eines **A**bends, zu **A**bend essen; **a**bends, heute **A**bend, Montag **A**bend, von früh bis **a**bends, am **M**ontagabend

aber (wieder, wiederum); abermals, tausend und aber tausend, abertausend; **T**ausende und **a**ber **T**ausende (**A**bertausende!)

acht (Zahl); wir sind (unser) **a**cht; zu **a**cht hingehen, er wird **a**cht (Jahre alt); die Zahl **A**cht, eine **A**cht schreiben (in Österreich: einen **A**chter schreiben), der **A**chte (der Reihe nach), der **A**chte (des Monats), drei **A**chtel

achtzig; achtzigjährig, in die **a**chtzig kommen, in den **A**chtzigerjahren

allgemein; im **A**llgemeinen

alt; **A**lt und **J**ung, beim **A**lten bleiben, er ist immer der **A**lte (derselbe), der **A**lte (Greis), **A**lte und **J**unge, das **A**lte Testament

andere; etwas **a**nderes, eines **a**nderen belehren, der eine und der **a**ndere, einer nach dem **a**nderen, **a**nders laufend

angst; mir ist **an**gst (und bange), ich habe **A**ngst (vor . . .), **A**ngst machen

Apparat; der Radioa**pp**arat

ärgern; er **ä**rgert sich

Arzt; die ärztliche Untersuchung, den Ar**z**t holen

aßen; sie a**ß**en sich satt (Präteritum von „essen“)

Auto fahren; das Autofahren, er fährt **A**uto, der Autofahrer

B

bedeutend; bedeuten**d**er, am bedeuten**d**sten, um ein **B**edeuten**d**es (sehr) zunehmen; etwas **B**edeuten**d**es

bekam; er bek**a**m nichts (Präteritum von „bekommen“)

bekannt; sich bekannt machen (vorstellen); etwas bekannt machen (veröffentlichen)

beste; am **b**esten, aufs **B**este, zum **B**esten halten, es ist das **B**este (am **b**esten), er tut sein **B**estes, das **B**este seiner Art, der **B**este in der Klasse, etwas zum **B**esten geben

bis; bis dahin, bi**s** jetzt, bi**s** morgen

bisschen; ein bisschen mehr oder weniger

D

da; dableiben (nicht fortgehen), da (dort) bleiben

dabei; dabeibleiben (nicht fortgehen), dabei bleiben (z. B. bei einer Ansicht bleiben), dabei sein

dass; ich weiß, da**ss** er kommen wird (dass = Bindewort), auf da**ss** es ihm gut gehe

denn; was hat er de**nn**? . . ., de**nn** er ist weggefahren

dennoch

deutsch; auf **d**eutsch (wie?), **d**eutsch sprechen (wie?), ich lerne **D**eutsch (was? die Sprache), sprechen sie **D**eutsch? (was? die Sprache), er versteht **D**eutsch (die Sprache)

Dutzend; das **D**utzend (12 Stück), **d**utzende Menschen (viele Menschen)

E

eigentlich; eigen**t**lich hat er recht

einzeln; der **E**inzelne, ins **E**inzelne gehen, im **E**inzelnen, vom **E**inzelnen (= die Einzelheit), bis ins **E**inzelne geregelt

einzig; das **E**inzige, Karl ist unser **E**inziger, kein **E**inziger

endlich; das En**d**e, en**d**lich kommt er

erreichen; nichts e**rr**eicht haben

erste; der **E**rste (der Reihe nach), als **E**rster, das **e**rste Mal, der **E**rste des Monats, der **E**rste (Tüchtigste) der Klasse, die **E**rsten und die **L**etzten, der **E**rstbeste

erwidern (entgegnen); die Erw**i**derung, w**i**der den Krieg

F

fahren; (mit dem) Auto fahren, Rad fahren, auf dem Rad fahren, beim **R**adfahren

fast (beinahe); fast drei Wochen

feind; er ist ihm **F**eind, sein **F**eind, feindselig gesinnt

fertig; etwas fertigstellen

fiel; das Mädchen **f**iel vom Baum (von „fallen“), die Blätter **f**ielen ab

Folge; demzufolge, im **F**olgenden, das **F**olgende, die **f**olgenden Ausführungen

fordern (verlangen); er **f**ordert **v**iel

fort; ich muss **f**ort, **f**ortfahren

frei; jemanden **frei**halten (ihm alles zahlen), den schweren Stein frei **halten;** frei **sprechen** (ohne Konzept), den Angeklagten **frei**sprechen

G

gar nicht

Gebäck (Backwerk); der **B**äcker **b**äckt Ge**b**äck

gehen; schlafen gehen, spazieren gehen, verloren gehen
Gepäck; **p**acken, ein**p**acken, das Reisege**p**äck (die Koffer, Taschen usw.)
gering; nicht das **G**eringste (nichts), nicht im **G**eringsten, ihm entgeht nicht das **G**eringste (das Unbedeuten**d**ste)
gleich; der, die das **G**leiche wollen, es kommt aufs **G**leiche heraus, **G**leiches mit **G**leichem vergelten
Gas; das **G**as
groß; im **G**roßen und **G**anzen, **G**roß und **K**lein (alle), im **G**roßen wie im **K**leinen
gut; im **G**uten sagen, zugute halten, **G**utes und **B**öses

H

halb; **h**alb zehn (Uhr), eine **h**albe Stunde, eineinhalb Liter
Hand; an **H**and der Niederschrift, zur **H**and gehen, eine **H**andbreit
Haus; nach **H**ause gehen, zu **H**ause sein, kein **Z**uhause haben
heute; heute **M**orgen, von **h**eute an
hoffentlich; hoffen**t**lich wird er siegen
hohl; ein h**oh**ler Baum
holen; die Zeitung h**o**len, h**o**l den Arzt!
höchst; auf das **H**öchste (höchst) erstaunt sein, sein Sinn ist auf das **H**öchste gerichtet
hundert; an die **h**undert Menschen, **H**underte von Arbeitern, das **H**undert, zu **H**underten, **h**undertmal, **h**undert Male

I

im (in dem); **im** Dorf, **im** **A**llgemeinen, **im** **B**esonderen, **im** **Ü**brigen
ihm (persönliches Fürwort); den Ball hat er von i**h**m (dem Vater) bekommen
in (Vorwort); **in** der Schule
ihn (persönliches Fürwort); hast du i**h**n (den Freund) getroffen?
Interesse; wenig Int**e**r**ess**e haben, sich int**e**r**ess**ieren

J

Jahr; jahrelang, viele Jahre lang
jeder; zu jeder Zeit, jederzeit
jetzt; je**tzt** ist es genug

K

Kaffee; die Ka**ffee**maschine, das **Café** (= das Ka**ffee**haus)
kam (von „kommen"); wann k**a**m er an?

kann (von „können“); er ka**nn** nichts, er ko**nn**te es nicht
kaputt; etwas ka**putt** schlagen (zerbrechen)
klar; sich im **K**laren sein, **k**lar stellen, sich **k**lar werden
klein; **G**roß und **K**lein, von **k**lein auf, bis ins **K**leinste, vom **K**leinen auf das **G**roße schließen
klug; der **K**lügste gibt nach, es ist das **K**lügste (am **k**lügsten)
Kreuz; die Kreu**z**ung, kreu**z**igen, kreu**z**en

L

lassen; er lä**ss**t ihn nicht los, er lie**ß** den Drachen steigen
laufen; er **läu**ft, auf dem **L**aufenden sein
läuten; die Glocken **läu**ten
leer; das Fass ist l**ee**r (nicht voll), ausl**ee**ren
lehren; bel**eh**ren, der L**eh**rer
leid; es tut ihm **L**eid
lernen; auswendig **l**ernen, zum **A**uswendiglernen
lesen, er **lie**st, er l**a**s vor
letzt; der **L**etzte (der Reihe nach), bis ins **L**etzte, das **L**etzte hergeben, es geht ums **L**etzte, zum **l**etzten **M**al**e**, das **l**etzte Mal
Leute; viele L**eu**te
Liter; ein **L**iter Milch

M

Mahl; das Festm**ah**l (Festessen), m**ah**len (zerkleinern), er hat das Getreide gem**ah**len
Mal (Zeitpunkt); das **e**rste **M**al, vier **m**al vier, ein paar **M**ale, zu wiederholten **M**alen, achtmal, das **e**rste **M**al, zum **e**rsten **M**al
malen; ein Bild m**a**len, er hat das Bild schön gem**a**lt
man; ma**n** klopft an
Mann; die Mä**nn**er, jederma**nn**
marschieren; der Ma**r**sch
Maschin(e) schreiben; ich schreibe **M**aschine, das **M**aschin(e)schreiben
mitten; **m**itten drin, **m**ittendurch
möglich; alles **M**ögliche, sein **M**öglichstes tun
müssen; mu**ss**te, gemu**ss**t

N

nächst (von „nahe“); der **N**ächste bitte, als **N**ächstes (als nächste Sendung), der **N**ächstbeste

Name; der Vorname, Familienname
nämlich (von „Name“); sie trägt das nämliche Kleid, er ist nämlich Staatsanwalt
nehmen; er nahm den Freund mit
Nummer; die Nummer drei, nummerieren (von „Numero“)

O

Ofen; der Ölofen
offen (nicht geschlossen); öffnen
oft; öfter, öfters, des Öfteren
Öl; die Ölheizung
Operation; eine Blinddarmoperation, operieren

P

paar; ein paar Worte (einige Worte), ein Paar Schuhe (zwei Schuhe), paarweise (zu zweit) gehen
Platz; Platz nehmen
plötzlich
Polizei; der Polizeibeamte, der Polizist
privat; die Privatadresse
Prozent; prozentuell

R

Rad fahren; ich fahre Rad, er kann Rad fahren, das Radfahren, beim Radfahren
Radio hören; der Radioapparat
Recht haben; das Recht haben, das ist ihm nicht recht, an den Rechten kommen, im Recht sein, Recht geschehen
rein; rein halten, ins Reine bringen, mit jemandem im Reinen sein
rückwärts; sich nach rückwärts bewegen

S

sämtliche; samt und sonders, insgesamt
Schuld geben; schuld sein, es ist seine Schuld, er ist unschuldig, Schuld haben
schwarz; schwarz auf weiß, der Schwarze Erdteil (Afrika), der Schwarze
seid ehrlich; seid ruhig!
seit; seit gestern; seither

Seite; vier Seiten lang, beiderseits, seitens der Regierung
sicher; es ist das Sicherste (am sichersten)
sodass (aber: er verhält sich so, dass . . .)
soviel; soviel ich weiß, so viel wie
spät; wie spät ist es?
spazieren gehen; der Spaziergang, spazieren fahren
Stadt; die Großstadt
statt; statt des Geldes
Stelle; an Stelle (auch: anstelle)

T

tausend; Tausende/tausende Menschen, Tausende von Menschen, Tausende und aber Tausende/tausende und abertausende, Tausende und Abertausende von Menschen), tausendfach, Tausenderlei
Tod; der Tod, sich zu Tode langweilen, tödlich verunglücken, todkrank sein
tot; er ist tot, getötet worden, töten, totenstill, totenblass
tragen; er trägt die Tasche
treten; tritt ein!
trinken; er trank Wasser, der Trank, die Tränke
trotzdem; der Trotz, trotzen, er hat getrotzt

U

übel; mir ist übel (unwohl), er ist ihm übel gesinnt, das Übel, nichts Übles im Sinn haben
überall; von überall her
überhaupt
überraschen; eine Überraschung
Uhr; wieviel Uhr ist es?, gegen sechs Uhr, Punkt zwölf (Uhr), die Uhrzeit angeben
Urzeit; die Urzeit der Erde, die Ursache, der Ursprung, die Urgroßeltern

V

vergessen; er vergisst nichts
verraten; der Verräter
verzieren, verziert, die Verzierung
viel; nicht viel, zu viel, wie viel?, viel Glück, viele Jahre, die vielen Ausländer, vielmehr schneit es, ein viel besprochener Fall
vielleicht; vielleicht doch, vielleicht für immer

vier; alle viere von sich strecken; auf allen vieren kriechen
viertel; ein Viertelkilo Mehl (Maß), in einer dreiviertel Stunde, die Viertelstunde (15 Minuten), wir treffen uns um drei Viertel acht, es ist ein Viertel nach fünf
voll; aus dem Vollen schöpfen, eine Handvoll Sachen, vollführen, vollbringen
vorn; von vorn, von vornherein
Vorrat; vorrätig, die Vorratskammer
vorüber; vorübergehen, im Vorübergehen

W

wahr; es ist wahr (richtig), die Wahrheit, wahrheitsliebend
während; während des Krieges; währenddessen
war; er war gestern dort
wäre; das wäre sehr schön (ist es aber nicht)
weit; bis auf weiteres, das Weite suchen, von weither (aus großer Ferne) kommen
wieder (nochmals); wiederholen, die Wiederholung, jemanden wiedersehen, auf Wiedersehen
wider (gegen); widerwillig, erwidern, widrigenfalls, widrige Umstände

Z

zählen; das zählt nicht, unzählige
ziemlich; ziemlich gut, ziemlich viel, geziemend
zuletzt doch; zu guter Letzt, zuallerletzt
zu viel
zu wenig

Übersicht über die Diktate, gegliedert nach dem Inhalt

1. Erzählungen, Berichte, Beschreibungen, Schilderungen (Dichtertexte)

Die Ziffern nach dem Titel der Diktate bezeichnen die Schulstufe. Seite

2. Aus der Technik

3. Aus der Wirtschaftskunde

4. Aus der Naturkunde

5. Aus der Erdkunde

6. Aus Geschichte und Sozialkunde

7. Zur Lebenskunde, Verkehrserziehung, Mode, Sparerziehung, Leibeserziehung

Register zur Rechtschreibung

Die Ziffern geben die Nummern der Diktate an.

Schulstufen:	V.	VI.	VII.	VIII.	IX.
a, ah, aa	6, 7, 10, 19	22, 24, 29, 30	42, 46, 60	68, 74	81, 86, 89, 98, 99, 100
ä, äh	5, 6, 16, 17, 20	26, 27, 33, 36	46, 48, 57, 60	72, 75	81, 82, 84, 88, 92
ai	6, 10	39, 40		67, 78	89, 91, 94
Anführungszeichen		23, 29, 30	52, 53, 58, 60	64, 69, 73, 78	
b, bb	5, 15, 18	40	47, 49, 53	74, 79	89
Beistriche	16, 17, 20	24, 28, 29, 30, 38, 39	44, 46, 48, 54, 59	64	85, 86, 87, 88, 90, 92, 93, 94, 95
d, dd, dt	2, 11, 18, 20	22	42, 43, 46, 51	64, 65, 66, 77	86, 88, 91, 92, 94
das – dass	11	23, 30, 34	43, 52, 58, 60	76, 77	81, 82, 87, 89, 91
den – denn	4, 15, 20	35	41, 47, 51, 58	76, 77	85, 89, 92, 93
Doppelpukt	17	29, 30, 31	51, 52, 60	62, 66, 70	83, 95
e, ee, eh	2, 3, 15, 16	26, 28	52, 54, 55, 58	62, 63, 64, 68, 71, 74, 76	88, 93, 100
eu, au	11	23, 24, 27, 28, 30, 35	48	63, 65, 74, 75	82, 87
f, ff	15, 21	36		68, 71, 72, 79	88, 89
Fragezeichen	17	23, 30	44, 50, 57, 58, 60	70	85, 94
Fremdwörter	14, 15, 19	31, 32, 33, 34, 35, 37, 40	43, 50, 51, 53, 57	62, 68, 69, 70, 71, 72, 73, 79, 80	85, 86, 87, 91, 95, 96, 98, 99

Schulstufen:	V.	VI.	VII.	VIII.	IX.
g, gg		36	58, 59		
Groß- und Kleinschreibung	1, 6, 7, 8, 11, 19	21, 31, 33	41, 44, 45, 46, 48, 50, 51	61, 67, 68, 69, 76	81, 82, 83, 85, 90, 96
h	1, 4, 6	38, 39	42, 48, 49, 50	76, 77	84, 93, 96, 99
i, ie, ieh, ih	8, 17, 18	22, 37	45, 49, 51	65, 67, 69	85, 89, 90, 93, 95, 96
k, ck, kk	5, 9, 12, 13	29, 35, 36, 38	41, 46, 48, 52, 55, 56	72, 75, 80	85, 86, 89, 95
l, ll	1, 4, 12, 15	28, 33, 39	41, 44, 45, 49, 55	65, 69, 71, 73, 80	82, 84, 85, 99
m, mm	1, 8, 15	38	41, 44, 45, 48, 58	69, 70, 72	87, 89, 94
n, nn	2, 9, 12	33, 39	41, 44, 48, 58	69, 76	87, 89
o, oo, oh	11, 13, 14	26, 28, 37	42, 55	62, 64, 65, 72	81, 84, 88, 97
ö, öh	19	26, 28, 35, 39	48, 55	76	87
p, pp	9, 10	28, 29	47, 48, 50	74, 75	87, 93
rr	11	30, 33, 39	49, 52	70, 80	92, 93
Rufzeichen	17		44, 45, 57, 60	78	95
s, ss, ß	1, 5, 7, 13, 16	24, 28, 29, 34, 39	41, 42, 44, 51, 57	62, 65, 73, 76	82, 84, 87, 91, 96, 99
t, tt	5, 12	33, 39	42, 47, 48	64, 65, 73, 75	87, 92
Tod, tot	4, 20	35	57, 59	65	93
u, uh, ur-	18	27	42	63	93
ü, üh	4, 17	25, 29, 35, 36	42, 46, 51	65, 79	87, 96
v, ver-, viel, vor-	2, 10	21, 38	43, 47, 52, 53, 58	63, 75	86, 88, 94, 95
wen – wenn	2, 12	30, 34	45, 48, 51, 58	61, 76, 77, 80	92, 96

Schulstufen:	V.	VI.	VII.	VIII.	IX.
wider – wieder	3, 17, 21	23, 24, 29, 38	51, 53, 58	74, 75	94
x, ks, gs, cks, chs	14	24	56	68	88, 95
z, tz, zz	4, 7, 9, 12, 13, 15	28, 34	49, 56, 57	62, 75, 79	83, 85, 87, 89, 92, 94
Zusammen-schreibung	14	38, 39	45, 51	76, 77, 78, 79, 80	81, 83, 90, 95, 99, 100